CB129052

Oportunidades de Trabalho para Portadores de Deficiência

JOSÉ PASTORE

Professor de Relações do Trabalho

Oportunidades de Trabalho para Portadores de Deficiência

EDITORA
LTr®
SÃO PAULO

Dados Internacionais de Catalogação na Publicação (CIP)
(Câmara Brasileira do Livro, SP, Brasil)

Pastore, José, 1935 —

Oportunidades de trabalho para portadores de deficiência / José Pastore. — São Paulo : LTr, 2000.

Bibliografia.
ISBN 85-7322-991-8

1. Deficientes — Emprego — Brasil 2. Direito do trabalho — Brasil I. Título.

00-4180 CDU-34:331:362.4 (81)

Índices para catálogo sistemático:

1. Brasil : Portadores de deficiência : Trabalho : Direito 34:331:362.4 (81)
2. Brasil : Trabalho : Portadores de deficiência : Direito 34:331:362.4 (81)

(Cód. 2258.1)

© Todos os direitos reservados

LTr
EDITORA LTDA.

Rua Apa, 165 - CEP 01201-904 - Fone (11) 3826-2788 - Fax (11) 3826-9180
São Paulo, SP - Brasil - www.ltr.com.br

2000

Apresentação

Lidando com as questões de emprego e desemprego há mais de 40 anos, confesso ter deixado passar despercebido, durante muito tempo, um dos problemas mais sérios do Brasil: a baixíssima participação dos portadores de deficiência no mercado de trabalho.

Comecei a estudar o assunto em 1997. Examinando os dados, percebi, de início, o quanto estávamos atrasados. O Brasil possui uma das maiores populações de portadores de deficiência do mundo (16 milhões de pessoas) e uma das menores taxas de participação no mercado de trabalho. Segundo estimativas disponíveis, 9 milhões estão em idade de trabalhar. Destes, os que trabalham no mercado formal somam cerca de 2%, enquanto nos países mais avançados essa proporção fica entre 30% e 45%.

Isso me intrigou. Era urgente estudar as causas dessa escandalosa diferença. Examinando a literatura, foi fácil encontrar explicações ligadas às limitações dos portadores de deficiência. Mas isso não me satisfez. Afinal, as mesmas limitações existem nos portadores de deficiência dos países mais avançados. A causa real do problema deveria estar em outro canto.

Foi aí que entrei pelo estudo do papel das políticas públicas e verifiquei a sua enorme importância na redução de barreiras físicas e sociais, e na facilitação da inserção dos portadores de deficiência no mercado de trabalho.

Ficou clara a fragilidade das nossas políticas. Ao lado de uma profusão de direitos coexiste uma pobre implementação. Na formulação dos direitos, a maioria dos legisladores brasileiros deu as costas às regras do mercado de trabalho, fazendo prevalecer a falsa concepção segundo a qual, colocando-se um dispositivo na lei, o portador de deficiência é automaticamente inserido no trabalho produtivo.

Se, de um lado, o desajuste entre a lei e a realidade me angustiou, de outro, me fascinou. Vi nele uma extraordinária oportunidade para se estudar maneiras de aperfeiçoar os mecanismos institucionais existentes. Dali para frente, o assunto dominou minhas preocupações. Passei quase três anos lendo freneticamente o que deu certo e o que deu errado em outros países, não para imitá-los, e sim para explorar, no limite, tudo o que pode ser de utilidade para melhorar a situação dos portadores de deficiência no Brasil.

Nesse período, tive a oportunidade de conhecer pessoas talentosas e conversar com profissionais competentes que lidam com esse problema há muito tempo, a quem agradeço pela sua dedicação ao me explicar o que fazem, e a paciência em tolerarem minhas infindáveis e estranhas perguntas.

Este livro reflete o que penso ser útil para ajudar essa causa, reconhecendo, porém, que a palavra final cabe aos próprios portadores de deficiência.

A causa não é só humanitária. Para um estudioso de mercado de trabalho, o tema é um instigante desafio intelectual. Assim foi para mim.

Espero que este trabalho venha a interessar outros pesquisadores do mercado de trabalho, pois a carência de estudos no campo das políticas públicas é impeditiva de uma discussão mais técnica e menos apaixonada sobre o que realmente bloqueia a participação dos portadores de deficiência no mercado de trabalho.

O Autor.

Índice

Capítulo 1

A Vida dos Portadores de Deficiência

Como ocorre com todos os seres humanos, a vida dos portadores de deficiência é cercada de alegrias, realizações, incertezas e dificuldades. É dentro desse mundo que eles crescem, se educam, fazem amigos e constroem suas carreiras.

Dentro da sociedade, porém, as pessoas que portam algum tipo de limitação física, sensorial ou mental são mais sujeitas a preconceitos. Em muitos ambientes observam-se condutas abertamente discriminatórias, que tendem a ver os portadores de deficiência como pessoas dependentes e incômodas (*Peters*, 1996). Nada justifica esse tipo de tratamento. Mas, infelizmente, ele ocorre.

Entretanto, muitos problemas que afligem a vida dos portadores de deficiência têm origem na sociedade. Uma parte da redução da capacidade de andar, pensar, aprender, falar ou ver está ligada às limitações que possuem, é verdade. Mas uma boa parte decorre das barreiras que lhes são impostas pelo meio social. Isso é fácil de ser observado. Basta atentar para o fato de que, em muitos casos, a pessoa deixa de ser deficiente no momento em que a sociedade proporciona condições adequadas. É o que acontece com quem usa cadeira de rodas para se locomover e encontra na escola e no trabalho providências no transporte e na arquitetura — muitas vezes, uma simples rampa de acesso.

Na prática, essa pessoa sai da categoria dos portadores de deficiência, o que significa dizer que a sociedade e a cultura desempenham um importante papel na própria definição, assim como na interpretação e superação das dificuldades dos portadores de deficiência. Com o avanço dos equipamentos auxiliares, muitas pessoas outrora definidas como portadoras de deficiência deixaram de sê-lo, e desempenham hoje atividades produtivas no mercado de trabalho regular.

Dentro dessa perspectiva, a sociedade é co-responsável pela percepção que as pessoas têm em relação aos portadores de deficiência. Quando as barreiras são grandes e as oportunidades são pequenas, eles são injustamente afastados da vida comum, marginalizados em casa ou em instituições que pouco contribuem para o seu crescimento individual — maneiras deficientes de tratar pessoas eficientes.

Nesse tipo de sociedade, as percepções que se formam a respeito da potencialidade das pessoas com necessidades especiais não são nada favoráveis: os não-portadores, os grupos comunitários e os próprios empresários tendem a subestimar a potencialidade daquelas pessoas.

O objetivo deste capítulo é resumir as concepções mais comuns sobre o assunto para que os responsáveis pelo emprego de portadores de deficiência (empresários, recrutadores, chefes, etc.) venham a adquirir uma visão mais realista da questão, para, com isso, ampliar-se as oportunidades de trabalho das pessoas que portam limitações.

Ao longo da história, as sociedades restringiram, estereotiparam, discriminaram e até exibiram os portadores de deficiência dentro das mais diferentes interpretações, desde as que atribuíam aos seus probemas uma origem divina, até as que exploravam suas deformidades (*Covey*, 1998).

Estas percepções distorcidas acabaram estigmatizando muitos indivíduos para a vida e para o trabalho. A deficiência, assim, tem suas raízes ligadas muito mais ao meio social e ao tratamento que as pessoas dispensam aos portadores de deficiência do que às suas limitações.

Por exemplo, as pessoas que têm estatura reduzida sempre sofreram discriminações. Pelo fato de a cultura ocidental dar uma grande importância à alta estatura, não é incomum tratar as pessoas de acordo com o seu tamanho e não com suas personalidade e capacidade. Até hoje, as pessoas de pequeno porte tendem a ser encaradas com curiosidade. E, no passado, foram "usadas" até para entreter ambientes.

É claro que este tipo de percepção acaba tendo um forte impacto sobre os que têm limitação, transformando a sua limitação em deficiência.

Os problemas enfrentados por quem tem alterações mentais são igualmente complexos, não por causa das alterações, mas, sobretudo, devido às reações dos grupos sociais. Essas pessoas são geralmente submetidas a sucessivos julgamentos negativos no meio em que vivem. Com freqüência o preconceito transforma-se numa construção social que se torna uma barreira efetiva e que vai muito além da limitação objetiva (*Boonie* e *Monahan*, 1997).

Tais pessoas passam a ser evitadas. Muitos grupos ainda acreditam, erroneamente, que o isolamento, em casa ou instituições, é a solução mais indicada. O que elas buscam, na realidade, é esconder os portadores de deficiência para se livrar de um convívio um pouco mais trabalhoso. A deficiência é, em grande parte, uma decorrência social.

Os estudos mostram que, através dos séculos, as atitudes preconceituosas se mantiveram relativamente estáveis (*Covey*, 1998). As sociedades humanas avançaram em tantos aspectos, mas muito pouco na superação dos preconceitos. Estes foram apenas variando na sua manifestação. Com o passar do tempo, e por pressão dos segmentos mais esclarecidos, os grupos preconceituosos foram sofisticando sua reação diante dos portadores de deficiência. Surgiram comportamentos estereotipados e, superficialmente, marcados por compreensão e humanismo.

Ainda há muita incompreensão. Na área da deficiência mental, por exemplo, encontram-se pessoas convencidas de que os seus portadores são privados de razão e insensíveis à dor e ao desconforto. São imagens deformadas e que levam as pessoas a se comportar de modo inadequado e improdutivo.

As imagens que a sociedade forma a respeito dos vários tipos de deficiências definem o modo pelo qual são tratados os seus portadores. Para algumas deficiências, a compreensão é maior. Para outras, continua reduzida. Os cegos, por exemplo, encontram uma certa tolerância. Mesmo assim, é comum acreditar-se, equivocadamente, que a falta de visão reduz as demais capacidades dos cegos. Nesses casos, a cegueira é percebida antes da pessoa e, mais grave, é generalizada para diminuir a potencialidade dos que são cegos. Quando isso ocorre, eles passam a ser discriminados. O extraordinário desempenho dos cegos nos estudos e no trabalho é prova de que esse preconceito é infundado.

1. A Abordagem Sociológica da Deficiência

O entendimento dos problemas e a superação das barreiras dos portadores de deficiência requerem o estudo de situações sociais mais amplas, que vão muito além das suas limitações físicas, sensoriais ou mentais.

Nas abordagens da medicina e da psicologia, as dificuldades dos portadores de deficiência tendem a ser encaradas como ligadas a um *paciente*. As soluções são apresentadas para resolver os problemas desse paciente, sem levar em conta que a sua condição de vida é fruto das limitações individuais e das percepções e condutas das pessoas que com ele interagem (*Oliver*, 1990) — sem contar as barreiras arquitetônicas de transporte e de equipamentos.

Nos depoimentos dos próprios portadores de deficiência, a percepção social das pessoas que os rodeiam tem muita importância. Na realidade, é dessa percepção que saem as imagens mais comuns a respeito das pessoas que têm necessidades especiais. Tais imagens têm pouca relação com as limitações, e muito a ver com as falsas concepções.

Ocorre que essas concepções, apesar de falsas e preconceituosas, são parte integrante da realidade social. Do ponto de vista sociológico, elas constituem o cenário concreto dentro do qual os portadores de deficiência têm de desempenhar o seu papel.

Por isso, é de muita importância identificar e avaliar as diversas manifestações dessas concepções. Esse foi o tema central da pesquisa de *Hunt*. Analisando como as pessoas formam suas crenças e valores, esse autor identificou cinco traços básicos que permeiam as concepções das sociedades modernas a respeito dos portadores de deficiência.

A intensidade desses traços e as formas de manifestação variam de sociedade para sociedade. E, dentro de cada uma delas, varia de acordo com as classes sociais, níveis de educação e senso de responsabilidade social. Para *Hunt*, ainda há vastas parcelas da população que vêem os portadores de deficiência como *infelizes*. Outros consideram-nos *inúteis*. Há ainda os que os vêem como *diferentes, oprimidos* ou *doentes* (*Hunt*, 1998).

Isso não significa, é claro, que as pessoas que têm necessidades especiais carregam esses traços. Mas é a maneira pela qual elas são vistas e interpretadas por vários grupos sociais, muitos dos quais com influência no momento de abrir um espaço para o estudo ou o trabalho dos portadores de deficiência.

Infelizes — Essa é uma concepção tão errônea quanto comum. As pessoas afetadas por limitações tendem a ser consideradas por largas parcelas da sociedade como infelizes por serem privadas de oportunidades que a vida oferece aos não-deficientes.

Nesse campo há muitas generalizações equivocadas, pois os casos de deficiência variam enormemente. Pelo fato de as pessoas se fixarem nos atributos e não nos seres humanos, há uma tendência de se definir os portadores de deficiência como incapazes para comandar o cotidiano de uma casa, trabalhar, ganhar dinheiro, ser independente, ter um carro, etc. Entretanto, a infelicidade está muito mais no imaginário social do que na cabeça dos portadores de deficiência.

Do lado da sociedade, confundem-se as limitações relativas à vida diária (comer, vestir-se, cuidar da higiene pessoal, etc.) com as limitações relativas à vida social (estudar, namorar, trabalhar, etc.). As limitações dos portadores de deficiência são muito variadas e não podem ser tratadas de maneira genérica. Há pessoas que possuem pequenas limitações para se vestir, por exemplo, mas têm uma grande capacidade de trabalhar, mediante alguma acomodação.

Quando a sociedade pratica generalizações infundadas, gera-se um conjunto de situações sociais que afeta a vida dos portadores de deficiência. De uma certa maneira, a limitação se agrava. Muitos deles são vistos aos olhos dos observadores como tendo "meia vida" quando, do seu lado, eles cultivam com ardor a firme noção de que são absolutamente capazes de trazer felicidade para outras pessoas. Mesmo nos momentos de desânimo, esse sentimento permanece aceso.

Os não-portadores de deficiência ignoram que, com o passar da idade, os seres humanos, eles inclusive, terão as suas funções reduzidas afinal. A degenerecência dos órgãos e a velhice formam o destino de todos nós. Ademais, ninguém está livre de, a qualquer momento, passar a ter uma limitação de ordem física, sensorial ou mental. No fundo, todos os seres vivos terão de conviver com algum tipo de deficiência ao longo de suas vidas.

Inúteis — Além de errôneas, as construções sociais que se formam a respeito dos portadores de deficiência podem ser ainda mais severas. Muitos grupos sociais tendem a passar para as pessoas com necessidades especiais a idéia de que elas não têm condições plenas para contribuir para o seu bem-estar pessoal e para a própria comunidade. Como, nos dias atuais, o trabalho é uma atividade supervalorizada, quem não consegue trabalhar é visto como inútil.

É claro que o trabalho é importante para o sustento e para o desenvolvimento individual e social. Mas não há razão para ver tanto impedimento, pois a grande parte dos portadores de deficiência consegue trabalhar, mediante a remoção de barreiras. Há muitas atividades que eles podem realizar, transcendendo as suas limitações. A idéia de inutilidade é exagerada e erroneamente generalizada nas construções das imagens dos portadores de deficiência. Isso tem a ver muito mais com a formação das concepções do que com a realidade das limitações. É um problema mais social do que individual.

Embora muitos portadores de deficiência, em casos limítrofes, não tenham, de fato, condições para exercer todas as atividades econômicas, ainda assim podem colaborar em outras, em especial as que exigem uma intuição apurada do significado da natureza humana. A grande maioria dos portadores de deficiência tem uma compreensão avançada da graça de viver — estando em condições, na verdade, de mais educar do que aprender.

Como o trabalho, a beleza e a forma física também são supervalorizados nos dias atuais. Modernamente, tais atributos são usados, por muitos grupos sociais, como indicadores de sucesso. Nesse contexto, a deformidade, as limitações e os defeitos são vistos como empecilhos do êxito.

A supervalorização desses símbolos, é claro, afeta a vida de grande parte dos portadores de deficiência. Felizmente, essa conduta está mudando. Muitos se surpreendem com a beleza que surge quando os portadores de deficiência são colocados em condições de criar e expressar suas idéias, habilidades e sentimentos. Quando isso ocorre, as pessoas percebem que eles são muito mais úteis do que imaginavam.

Diferentes — Um outro viés de percepção diz respeito à diferença. De um modo geral, a sociedade tende a tratar os portadores de deficiência como pessoas diferentes. Em muitos aspectos eles são diferentes mesmo. Mas, nem sempre os critérios são tão claros para se distinguir o igual do diferente em matéria de seres humanos. Ademais, a humanidade deve muita coisa aos que foram "diferentes" na arte, ciência, esportes, filosofia, religião, etc. (*Ribas*, 197b).

Muitas deformações produzem uma certa repulsa para quem as observa pela primeira vez. As reações iniciais das pessoas têm uma grande importância no relacionamento social que se segue.

As relações humanas costumam ser formadas, em grande parte, pela primeira impressão. E, nesse caso, chamam mais atenção os atributos (as deformidades) do que os portadores desses atributos (seres humanos). Em outras palavras, as deformidades vêm antes das pessoas. A partir daí, compõe-se uma visão desumana e estereotipada das pessoas.

O grave é quando a repulsa individual se transforma em repulsa social. Isso tende a empurrar o portador de deficiências para o isolamento. Afinal, ninguém gosta de ser objeto de curiosidade, pena e compaixão. Por isso, o portador da limitação também tem um impulso inicial de não querer participar em uma relação onde percebe não ser bem visto. Fecha-se aí um círculo vicioso, que é comum no caso da interação com grupos minoritários, e responsável pela formação de redes de interação bastante problemáticas.

É isso que acontece quando as pessoas se referem ao paralítico, ao cego, ao surdo, etc. Elas destacam, em primeiro lugar, o atributo — e não o ser humano. Com base nisso, passam a imputar ao portador daquela limitação um conjunto de imperfeições que ele não tem. É assim que se forma o estigma. Quem tem estigma é tratado, pelos preconceituosos, como um ser não inteiramente humano. O estigma se agrava quando, por exemplo, se juntam numa só pessoa o fato de ser deficiente, mulher e negra. Neste caso, fala-se em "opressão simultânea" (*Barton*, 1996). É a sociedade que transforma muitas pessoas eficientes em deficientes.

O desafio para superar esse problema é enorme, e vale para os dois lados. Para os portadores de deficiência, é importante ser capaz de aceitar as suas peculiaridades e demonstrar aos seus interlocutores que eles podem ajudar aos outros e a si mesmos. Para os não-portadores de deficiência, a educação tem de disseminar entre eles a idéia de que a realização humana não se faz apenas com base na estatura, beleza ou forma física mas, sobretudo, com fundamento na inteligência, respeito, denodo e competência.

Oprimidos — O tratamento preconceituoso e discriminatório agrava as limitações dos portadores de deficiência. Não que eles fiquem mais limitados. Ao contrário, as limitações aumentam em função da vontade de não se remover as barreiras que os limitam. Nessas condições, os discriminados sentem-se oprimidos.

Os encontros que se resumem em um estereotipado "bom-dia, como vai"? ou em um frio "está tudo bem com você, não é"? —, seguidos de uma cena na qual o interlocutor sai de perto, dá ao portador de deficiência uma sensação de desprezo. Ninguém gosta ou merece ser tratado como estranho, quando tem tanto a oferecer. Mas é assim que se forma a aura social que discrimina quem tem alguma limitação. É essa aura que precisa ser vencida para ampliar a participação e o trabalho dos portadores de deficiência na sociedade moderna.

As pessoas que se sentem desconfortadas no contato com portadores de deficiência carregam consigo um profundo desconhecimento. Aliás, os seres humanos tendem a assumir atitudes preconceituosas quando não conhecem as características das pessoas com quem interagem. Como o que aparece em primeiro lugar são as suas limitações — e quem vê não sabe qual é a sua extensão e conseqüências —, as pessoas tendem a formar uma atitude negativa, e estender essa atitude para toda a personalidade dos portadores de deficiência, o que, é claro, não tem o menor fundamento.

Para evitar esses preconceitos, as pessoas têm de ser capazes de encarar a alteração imposta pela limitação como apenas uma parte da vida do portador de deficiência. Mais do que isso, elas têm de entender que essa alteração decorre, em grande parte, do tratamento inadequado dispensado pela sociedade, em especial, nos campos da educação, remoção de barreiras e adaptação ao trabalho. Isso raramente ocorre. Afinal, durante séculos, aprendemos a formar uma noção das pessoas através da primeira imagem.

Esse é o grande desafio da sociedade contemporânea: dar um passo para enxergar as pessoas como um todo e não apenas como portadora de uma determinada limitação que, na maioria das vezes, desaparece mediante uma ação do lado social.

A sensação de opressão é severamente agravada quando os portadores de deficiência são submetidos ao confinamento das instituições — hospitais, retiros, casas de saúde, etc. A "institucionalização" é um agravante para as limitações e para a própria vida dos portadores de deficiência. Nas palavras de Barton, o isolamento das instituições constitui a mais mortal de todas as deformidades (*Barton*, 1996). O confinamento retira o poder de controle das pessoas, submetendo-as a um regime de opressão que, com freqüência, as leva à depressão.

O negativismo das pessoas em relação aos portadores de deficiência varia. As pesquisas mostram que as mulheres tendem a ser menos negativas do que os homens quando vêem, pela primeira vez, um portador de deficiência. Os mais informados entendem melhor o problema. As pessoas pouco ansiosas aceitam mais facilmente o portador de deficiência como pessoa integral. O mesmo acontece com as menos autoritárias (*Bryan*, 1996).

Mas é no mundo do trabalho que as tentativas de evitar as pessoas com necessidades especiais mais aparecem. Dentre os que podem trabalhar, é ainda comum a rejeição de profissionais qualificados pelo simples fato de serem portadores de alguma limitação — mesmo que esta não afete o desempenho no trabalho. É a desconsideração da eficiência e o enaltecimento da deficiência.

Muitos empregadores dizem ser obrigados a pensar com a cabeça dos seus clientes, argumentando, por exemplo, que os freqüentadores de restaurante, salão de beleza ou hotel não gostam de interagir com "pessoas diferentes". Com base nisso, procuram se eximir da responsabilidade social nos campos da contratação de portadores de deficiência.

O mesmo preconceito que se forma em torno da raça, cor, ou idade, preside a interface das pessoas com os portadores de deficiência. A oportunidade de trabalho é negada por um motivo real, embora os motivos aparentes sejam bem mais sofisticados. Muitos empregadores fixam-se nas limitações e se esquecem de investigar as potencialidades dos portadores de deficiência.

Para os portadores de deficiência, os gestos repetidos no campo da opressão tendem a enfraquecer a sua resistência, levando-os, muitas vezes, para o improdutivo território da resignação. Isso tem que ser evitado e a sociedade tem uma grande responsabilidade para criar condições dentro das quais as pessoas que têm limitações encontrem oportunidades para contribuir e progredir.

Doentes — Grande parte das pessoas tende a tratar os portadores de deficiência dentro de um quadro de doença. Um portador de deficiência pode ter algum problema de saúde, é claro, mas a limitação de um membro, da fala ou da visão, em si, não constitui doença. Ademais, a limitação decorre, em grande parte, do tratamento que a sociedade dá ao seu portador. É um problema social. As pessoas que os cercam tendem a ver suas vidas de modo trágico.

O grande desafio para os portadores de deficiência é o de demonstrar que isso é falso. Ademais, por mais difícil que sejam suas vidas, eles dispõem de uma energia extra para reconhecer e superar suas limitações quando a sociedade os ajuda na remoção dos obstáculos materiais e sociais.

Em suma, possuir uma alteração física, ser paralítico, cego ou mudo não podem ser objeto de discriminação e, muito menos, de punição. A limitação é um fato da vida e precisa ser encarada dentro de uma visão realista do mundo. Por isso, para superar os preconceitos atuais, o avanço terá de ser muito mais no campo social do que no individual. A deficiência é, em grande parte, um problema social, e não individual.

2. A Remoção dos Preconceitos

O termo "portador de deficiência" tende a ser usado para se referir a um grande número de pessoas que não têm nada em comum entre si, a não ser o fato de que não funcionam da mesma maneira dos não-portadores. Essa definição descarta o fato de que a maioria dos portadores de deficiência possui uma larga gama de capacidades que não são encontradas entre os não-portadores.

Por isso, parece mais adequado considerar os portadores de deficiência como possuidores de habilidades e requisitos peculiares. Dentro dessa perspectiva, fica claro que muitas pessoas são deficientes simplesmente porque os referidos requisitos não podem se fazer presentes na vida diária ou no ambiente de trabalho. No campo do trabalho, a deficiência é muito mais determinada pela ausência de uma arquitetura adequada do que pela presença de uma limitação pessoal. Isso sugere que a deficiência resulta da forma como o mundo se organiza.

Felizmente, o mundo está mudando. Muitas deficiências que antes eram estudadas exclusivamente pela medicina e psicologia como problemas individuais estão sendo encaradas como um fenômeno social e ganhando um espaço crescente no campo da sociologia (*Oliver*, 1990; *Barton*, 1996; *Bickenbach*, 1993; *Barnes*, 1998; *Barton*, 1998).

Dentro da sociologia, a deficiência é estudada como uma questão social (*Oliver*, 1990; *Sassaki*, 2000). A cegueira, por exemplo, não pode ser reduzida a um problema decorrente de restrições do campo visual. Ela é fruto dessas restrições e das barreiras da sociedade. O mesmo ocorre com a surdez e a mudez. Ou com os tetraplégicos e os portadores da Síndrome de Down, entre outros.

As ferramentas da medicina e da psicologia não são suficientes para remover os problemas dessas deficiências, pois grande parte delas é criada pelo meio social. A sociedade que não provê os necessários ajustamentos acaba aprisionando os portadores de deficiência dentro do seu próprio corpo.

A informação das pessoas, a conscientização da sociedade e o esforço das instituições sociais são decisivos para se reduzir os preconceitos e assegurar uma melhor integração dos portadores de deficiência na vida social e de trabalho. Mas isso não é tudo. Resta para eles a enorme tarefa de aceitar e superar o tratamento social que é dado às suas limitações. Em outras palavras, cabe aos portadores de deficiência importantes ações para ajudar a reduzir os preconceitos sociais. Tarefa difícil para quem vive em um mundo onde tudo o que é jovem, belo e vigoroso é bom e útil.

O despreparo diante desse mundo dá ensejo para a discriminação minar o autoconceito e solapar a auto-estima dos portadores de deficiência. Isso acaba gerando uma profecia auto-realizável. Os seus sentimentos de inferioridade são projetados no público que, por sua vez, reforça as atitudes negativas, fechando-se um círculo vicioso.

A superação desses problemas é uma tarefa complexa. Exige educação, treinamento e compreensão do lado dos portadores de deficiência. Os que nunca enfrentaram essa problemática não têm a menor idéia da sua complexidade. A literatura está repleta de depoimentos, revelando o esforço que fazem os portadores de deficiência para superar os preconceitos sociais.

Vale a pena citar um deles — e apenas um — para que a privacidade desse sentimento seja respeitada.

O trecho abaixo é reproduzido por *Erving Goffman*, no seu clássico livro "O Estigma", e se refere a um jovem que ficou deformado em decorrência de um acidente ocorrido na década de 1950. O relato é carregado de emoção e, espera-se, longe da realidade que é vivida pela maioria dos portadores de deficiência dos dias atuais.

O depoimento coletado por *Goffman* exprime, porém, os primeiros passos de quem enfrenta a tarefa de superar as seqüelas e as limitações causadas por um evento extremamente traumático.

"Depois de muitos meses de cama, levantei-me e fui até o banheiro — onde havia um espelho. Fui sozinho, com muita dificuldade porque não queria que ninguém me visse; que ninguém soubesse o que eu iria sentir ao enfrentar a minha nova imagem pela primeira vez...

Ao olhar para o espelho, não produzi um só ruído; não chorei; e não gritei. Senti-me entorpecido. Anestesiado. Não pude acreditar no que vi. A pessoa do espelho não podia ser eu porque, por dentro, me sentia saudável, normal, feliz — de uma forma que não tinha nada a ver com aquela imagem assustadora...

No entanto, flagrei os meus olhos olhando para mim de volta, carregados de pena... A confusão e o pânico da redescoberta entraram nas profundezas da minha alma. Percebi claramente com que eu teria de viver para o resto da vida.

Com o passar dos meses, esqueci-me do que vi. Passei a me lembrar da cena vagamente, como se nada tivesse a ver comigo. Inconscientemente, comecei a olhar aquela imagem como se fosse um disfarce. Mas não aquele tipo de disfarce que uma pessoa coloca no rosto de forma voluntária para enganar as outras pessoas, como num baile de máscaras, e que pode ser tirado na hora que deseja. O meu disfarce foi colocado em mim, sem o meu consentimento, e sem que eu pudesse retirá-lo.

Com ele, tentei enganar a mim mesmo. Mas pouco adiantou. O disfarce confundiu a minha identidade. Olhar no espelho passou a produzir um horror maior. Eu não conseguia reconhecer a mim mesmo. E não sabia o que significava a figura mascarada. Comecei a ver ali a imagem de um estranho. Um personagem pequeno. Muito pequeno. Tão pequeno que era digno de piedade...

Percebi, então, que aquele disfarce incompreensível, que por algum tempo me pareceu real, passou a me confundir. Eu já não sabia quem era quem. Os meus encontros no espelho passaram a ser trágicos. Faziam a minha cabeça explodir...

Só lentamente, a minha robusta ilusão de bem-estar foi voltando, e se espalhando outra vez na minha alma, fazendo-me esquecer a realidade irrelevante daquela construção mascarada.

Aos poucos, fui me tornando outra vez visível — para mim e para o mundo. Com isso, fui me tornando, novamente, frágil e vulnerável... como é a condição com a qual tenho de conviver" (Goffman, 1963).

O depoimento é chocante e convém ficar só nele. Mesmo porque essa reação não é a que domina a vida de todos os que são atingidos por eventos que restringem capacidades. A reação inicial é apenas um capítulo de uma nova vida que pode ser reerguida — e bem reerguida — se a sociedade se compenetrar em fazer a sua parte.

É animador verificar que o mundo está cheio de recuperações e superações bem-sucedidas. São pessoas que deixaram para trás as suas limitações e passaram a se distinguir de forma expressiva nas artes, esportes, música, ciência e no cotidiano da vida — o que é muito importante —, passando a sentir a agradável sensação de ter reduzido o bloqueio nas situações nas quais eram evitadas.

O mínimo que se pode dizer neste início de novo século é que, da sociedade moderna, se espera um maior apoio para os portadores de deficiência superarem as suas limitações. Espera-se que ela descubra a enorme potencialidade que se materializa de forma criativa e produtiva no momento em que são removidas as barreiras que agravam as limitações dos portadores de deficiência. Espera-se ainda uma atitude aberta de responsabilidade social a ser compartilhada por todos, portadores e não-portadores pois, afinal, somos membros da mesma sociedade e nenhum de nós escolheu as condições que a vida nos impôs.

Partindo-se do princípio de que a deficiência é, em grande parte, um problema social, o propósito deste livro é o de abrir uma discussão sobre as políticas públicas através das quais a sociedade possa lidar, de forma eficiente, com os portadores de deficiência na vida diária e no trabalho. Afinal, as suas vidas se desenrolam dentro de ambientes concretos. As oportunidades de trabalho dependem de sua capacidade de trabalhar e da disposição da sociedade em abrir espaços para as atividades produtivas. Isso, por sua vez, requer uma compreensão adequada de questão por quem pode gerar oportunidades de trabalho para os portadores de deficiência. Exige uma visão clara do seu lado eficiente.

No meio de tudo isso, têm importante papel os estímulos e desestímulos que são oferecidos aos vários grupos sociais para proceder a essa abertura de espaços. É de todo conveniente, portanto, encontrar as políticas que reduzam os desestímulos e aumentem os estímulos para fazer a sociedade dar trabalho para que os portadores de deficiência possam sustentar a sua vida, colaborar com a comunidade e nutrir o seu sentimento de dignidade e auto-estima.

Este estudo parte do pressuposto de que a sociedade que cria condições para os seus cidadãos fazerem crescer a sua dignidade é uma sociedade mais digna. Para tanto, é preciso definir e praticar políticas adequadas e que levem em conta as necessidades dos portadores de deficiência e do mundo que os abrigará na hora de trabalhar. O estudo dessas políticas constitui o objetivo dos próximos capítulos.

Capítulo 2

O Direito ao Trabalho

As últimas três décadas marcaram um tempo de grandes esforços legislativos com vistas a melhor integrar os portadores de deficiência no mercado de trabalho. Inúmeras leis nacionais e convenções internacionais foram aprovadas com essa finalidade (ONU, 1993; OIT, 1997; CORDE, 1997). Isso estimulou os portadores de deficiência a se organizarem melhor e buscar formas variadas de representação para atuar em busca dos novos direitos.

1. Os Direitos Internacionais

A partir da década de 1970, a Organização das Nações Unidas e vários outros organismos internacionais passaram a acolher e dar andamento a pedidos para tratar dos direitos dessas pessoas. No início, fixaram-se direitos. Mais tarde, surgiram os programas de ação.

Em 9 de dezembro de 1975, a ONU aprovou a "Declaração dos Direitos das Pessoas Portadoras de Deficiência", cujo artigo 3º diz:

> "As pessoas portadoras de deficiência têm o direito inerente de respeito por sua dignidade humana. Qualquer que seja a origem, natureza e gravidade de suas deficiên-

cias, os seus portadores têm os mesmos direitos fundamentais que seus concidadãos da mesma idade, o que implica, antes de tudo, o direito de desfrutar uma vida decente, tão normal e plena quanto possível".

Mais do que isso, o artigo 8º estabeleceu que:

"As pessoas portadoras de deficiência têm o direito de ter as suas necessidades especiais levadas em consideração em todos os estágios de planejamento econômico e social".

Os esforços dos organismos internacionais foram evoluindo de declarações gerais para programas concretos. Em 3 de dezembro de 1982, a ONU aprovou o Programa de Ação Mundial para as Pessoas com Deficiência, cujo artigo 12 diz o seguinte:

"A igualdade de oportunidades é o processo mediante o qual o sistema geral da sociedade — o meio físico, cultural, a habitação, o transporte, os serviços sociais e de saúde, as oportunidades de educação e de trabalho, a vida cultural e social, inclusive as instalações esportivas e de lazer — torna-se acessível a todos".

Em 1992, a ONU adotou 3 de dezembro como Dia Internacional das Pessoas Portadoras de Deficiência (ONU, 1993).

Em 10 de junho de 1994, na Declaração de Salamanca (Espanha), a ONU, em reunião realizada para tratar da educação especial, firmou um compromisso, em parceria com os países-membros, de estruturar e executar serviços de educação, formação e reabilitação dos portadores de deficiência em todo o mundo.

Esses instrumentos basearam-se no princípio segundo o qual os portadores de deficiências são membros da sociedade e têm o direito de permanecer nas comunidades e ali receber os serviços da educação, saúde e emprego como os demais habitantes.

Todos esses instrumentos de âmbito internacional foram ratificados pelo Brasil que, em 1988, decidiu incorporar um preceito geral no artigo 3º da Constituição Federal:

> "Constituem objetivos fundamentais da República Federativa do Brasil: IV — promover o bem de todos, sem preconceitos de origem, raça, sexo, cor, idade e quaisquer outras formas de discriminação".

Inúmeros passos foram dados no campo dos organismos internacionais no sentido de garantir aos portadores de deficiência tudo o que é oferecido aos demais cidadãos. Mas era muito importante definir "deficiência" para se saber quais seriam os destinatários das ações em questão.

A determinação de quem é portador de deficiência é uma tarefa complicada. Pelo fato de a condição ser objeto de estudo e ação de várias disciplinas, a noção de deficiência varia bastante.

Do ponto de vista médico, deficiência refere-se à incapacidade de uma ou mais funções da pessoa. Na literatura econômica, deficiência significa dificuldade a ser vencida para melhor produzir. No mundo jurídico, a condição de deficiência é a fixada pela lei.

As diferenças de definição têm importantes conseqüências para as políticas de apoio aos portadores de deficiência. Quando se consideram todas as pessoas que possuem algum tipo de doença crônica ou restrição que impõe limitação ao pleno funcionamento do seu corpo ou da sua mente, 50% da população (ou mais) são portadores de deficiência em qualquer país do mundo.

Quando se consideram apenas aquelas que têm restrições que impõem limitação ao exercício de uma função central em sua vida como, por exemplo, os afazeres domésticos, a freqüência à escola ou o exercício de sua profissão, aquela proporção diminui para 15%.

Quando se levam em conta só as pessoas que têm limitações para o trabalho, o percentual se reduz a 10%. Quando se focalizam as que estão em idade de trabalhar, a proporção cai para 6% ou 7%. E quando se consideram apenas os casos de limitações mais severas, a proporção desce para 2% (*Mashaw* e outros, 1996).

Portanto, o grande problema para se fixar esses percentuais é a adoção de uma definição precisa do que seja deficiência em geral, deficiência em particular e deficiência para o trabalho. A questão é complexa e inconclusa.

Na tentativa de esclarecer tais diferenças, a Organização Mundial de Saúde (OMS), em 1980, decidiu fazer uma distinção entre "incapacidade", "deficiência" e "desvantagem":

A *incapacidade* refere-se a uma restrição para realizar uma atividade, dentro dos parâmetros considerados normais para um ser humano, como é o caso de quem tem o olho lesado, a atrofia de um braço, ou a falta de uma parte do corpo.

A *deficiência* refere-se à perda ou anomalia de uma estrutura ou função psicológica, fisiológica ou anatômica, como é o caso da impossibilidade (ou redução da capacidade) de ver, andar ou falar.

A *desvantagem* é uma situação de atividade reduzida, decorrente de uma deficiência ou de uma incapacidade que a limita ou impede o desempenho normal de determinada função, levando-se em conta a idade, sexo, e fatores socioculturais[1] (ONU, 1993; *Alvarado*, 1998).

A distinção continuou sutil. Na prática, nem sempre esses três casos se materializam de forma clara. O problema persistiu. Ademais, a abordagem multidisciplinar que ganhou corpo na década de 1980 passou a rejeitar a definição da OMS por ser viesada para o lado médico.

Em 1999, a OMS fez uma revisão desse posicionamento, sugerindo que portar uma deficiência decorre de um encadeamento de vários níveis de dificuldade e de providência do lado da sociedade. Numa interpretação mais ampla, pode-se entender esse novo esforço da OMS da seguinte maneira:

---

(1) No Brasil, a Coordenadoria de Atenção à Pessoa Portadora de Deficiência da Secretaria de Assistência Social do Ministério da Previdência e Assistência Social trata a invalidez como "desvantagem" (*Candido da Silva*, 1998).

O corpo humano possui uma estrutura (esqueleto, órgãos, membros e componentes) e um conjunto de funções (fisiológicas, psicológicas e sociais). Com o seu corpo, os seres humanos desenvolvem atividades. No desenvolvimento dessas atividades podem existir dificuldades devido a impedimentos associados a problemas da estrutura ou das funções do corpo. Isso pode restringir a participação do seu portador em diversas situações de vida. A extensão desses impedimentos, entretanto, está ligada a providências que são ou não são tomadas do lado social. Por isso, uma pessoa é deficiente quando tem restrições de estrutura ou funções corporais não compensadas por providências sociais (OMS, 1999).

No campo do trabalho, a definição continua obscura. Afinal, quem tem deficiência para trabalhar? Como se traça a linha divisória entre os portadores de deficiência que não conseguem trabalhar e os que acham que não podem trabalhar? Como tratar as pequenas limitações que constituem perdas, mas não são impeditivas para o trabalho? Como fica o caso da pessoa que deixa de portar deficiência quando uma barreira é removida? Sai da categoria de portador e entra na de não-portador de deficiência?

A OIT buscou definir o assunto em terreno mais sólido e, para tanto, elaborou a Convenção 159 (1983), que foi referendada no Brasil pelo Decreto n. 129/91, na qual a pessoa *portadora de deficiência para o trabalho* foi definida como aquela

> "cuja possibilidade de conseguir, permanecer e progredir no emprego é substancialmente limitada em decorrência de uma reconhecida desvantagem física ou mental".

Com base nessa definição, a OIT estima que cerca de 8% da população economicamente ativa do mundo são constituídos por portadores de deficiência.

Seguindo o espírito geral da Convenção 159, a lei brasileira passou a considerar pessoa portadora de deficiência como aquela que:

> "apresenta, em caráter permanente, perdas ou anomalias de sua estrutura ou função psicológica, fisiológica ou anatômica, que gerem incapacidade para o desempenho de atividade, dentro do padrão considerado normal para o ser humano (Decreto n. 914/93 e Lei n. 7.853/89).

O questionamento das definições, assim como os avanços nos seus termos, tem sido promovido, em grande parte, pelos movimentos organizados dos próprios portadores de deficiência. No mundo, contam-se aos milhares as organizações não-governamentais (ONGs) que militam nessa área.

Como exemplo de avanço, teve destaque a modificação do Tratado de Amsterdã, efetivada em 1997, e que passou a servir como recomendação-padrão para os países da União Européia que, dali em diante, ficaram proibidos de discriminar, assumindo solenemente a obrigação de facilitar a inserção, permanência e progresso dos portadores de deficiência nos mercados de trabalho dos estados-membros (*Flynn*, 1998a; 1998b). Na época, foram estimadas em 37 milhões as pessoas portadoras de deficiência na União Européia (EDF, 1998a).

No mesmo ano, em Luxemburgo, a Reunião de Cúpula da União Européia incluiu, na Agenda do Emprego, o dever dos países-membros promoverem a integração dos portadores de deficiência no mundo do trabalho, para o que foram montados inúmeros programas, e alocados US$ 45 bilhões para o período de 1998-2001 (EDF, 1998b; 1999).

De grande influência para o reconhecimento dos direitos dos portadores de deficiência foi o "efeito-demonstração" da Lei dos Deficientes dos Estados Unidos ("American with Disabilities Act"), aprovada em 1990 (ADA, 1990), aplicável a toda empresa que possui mais de 15 empregados e que entrou em operação em 1992(2).

O instituto foi gestado no ambiente dos direitos civis e dentro da filosofia de combate à discriminação das minorias. Na Inglaterra, o mesmo tipo de legislação, aplicável a toda empresa com mais de 20 empregados, foi aprovado em 1995, entrando em vigor a partir de 1996 (DDA, 1996). Daí em diante, proliferaram as leis nacionais e convenções internacionais que tratam dos direitos dos portadores de deficiência.

2. Garantias Constitucionais no Brasil

O Brasil tem dado grande ênfase à dimensão jurídica da questão (*Assis* e *Pussoli*, 1997). A Constituição Federal de 1988, no Inciso XXXI, artigo 7º, prevê explicitamente:

---

(2) A lei "American with Disabilities Act" passou a ser uma parte integrante das leis federais trabalhistas dos Estados Unidos no campo da discriminação. O não-cumprimento dessa lei tem dado origem a dezenas de milhares de ações de cunho trabalhista (*Player*, 1992).

"a proibição de qualquer tipo de discriminação no tocante a salários e critérios de admissão do trabalhador portador de deficiência".

O artigo 23, Inciso II, da mesma Constituição atribui à União, Estados, Municípios e Distrito Federal a responsabilidade de:

"cuidar da saúde e assistência pública, da proteção e garantia das pessoas portadoras de deficiência".

O artigo 24, Inciso XIV, diz ser competência da União, Estados, Municípios e Distrito Federal legislar sobre a:

"proteção e integração social das pessoas portadoras de deficiência".

O artigo 37, Inciso VIII, estabelece que:

"a lei reservará um percentual de cargos e empregos públicos para as pessoas portadoras de deficiência".

O artigo 203 dispõe que:

"a assistência social será prestada a quem dela necessitar, independente de contribuição à seguridade social, e tem por objetivos:

....

IV — a habilitação e reabilitação das pessoas portadoras de deficiência e a promoção de sua integração à vida comunitária;

V — a garantia de um salário mínimo de benefício mensal à pessoa portadora de deficiência [...] que comprovar não possuir meios de prover a própria manutenção ou de tê-la provida por sua família, conforme dispuser a lei".

O artigo 208 diz ser:

"dever do Estado garantir o atendimento educacional especializado aos portadores de deficiência, preferencialmente na rede regular de ensino".

O artigo 227 obriga o Estado a:

"criar programas de prevenção e atendimento especializado para os portadores de deficiência física, sensorial ou mental, bem como de integração social do adolescente portador de deficiência, mediante o treinamento para o trabalho e a convivência, e a facilitação do acesso aos bens e serviços coletivos, com a eliminação de preconceitos e obstáculos arquitetônicos".

As Constituições estaduais também dispõem de vários institutos de proteção. Por exemplo, a Constituição do Estado de São Paulo diz que a lei reservará percentual de cargos e empregos públicos aos portadores de deficiência, garantindo as adaptações necessárias para a sua participação nos concursos e definindo os critérios de sua admissão (artigo 115, Inciso IX).

Pelo artigo 227, as empresas e instituições que recebem do Estado recursos financeiros têm de prover o acesso e a participação de portadores de deficiência.

De outro lado, a Constituição Estadual prevê a concessão de incentivos às empresas para adequação de seus equipamentos, instalações e rotinas de trabalho aos portadores de deficiência (artigo 278). E, para estes, o Estado propiciará financiamentos para a aquisição de equipamentos que se destinem ao uso pessoal, com vistas a corrigir, diminuir ou superar as suas limitações (artigo 281).

A Lei Orgânica do Município de São Paulo, da mesma forma, assegura o ingresso e o acesso de pessoas portadoras de deficiência aos cargos, empregos e funções da administração direta e indireta do Município, garantindo-lhes as adaptações necessárias para a sua participação nos concursos públicos (artigo 99).

Diz ainda que o Município poderá conceder, na forma da lei, incentivos às empresas que adaptarem seus equipamentos para trabalhadores portadores de deficiência (artigo 228)[(3)].

No que tange a garantias constitucionais, o Brasil possui uma aparelhagem legal das mais abrangentes do mundo. Ao estabelecer inúmeros direitos, ela cria, evidentemente, um grande número de obrigações que, se não forem obedecidas, inviabilizam os direitos. Esse é o problema atual. A grande dificuldade é passar das garantias constitucionais para a realidade da prática. O Brasil tem um excesso de leis e falta de certeza jurídica (*Cintra Neto*, 2000).

3. A Legislação Ordinária no Brasil

No âmbito das leis ordinárias, o Brasil se propõe, igualmente, a dar um grande apoio aos portadores de deficiência.

---

(3) Além disso, há centenas de atos municipais visando viabilizar o acesso de deficientes, através da eliminação de barreiras arquitetônicas, de transporte, códigos de obras, etc.

Os exemplos abaixo, longe de serem exaustivos[4], ilustram essa determinação.

A Lei n. 7.853/89 detalhou os direitos das pessoas portadoras de deficiência e criou a Coordenadoria Nacional para Integração das Pessoas Portadoras de Deficiência (CORDE). No seu artigo 2º, aquela lei atribuiu ao Poder Público a tarefa de:

> "Assegurar às pessoas portadoras de deficiência o pleno exercício de seus direitos básicos, inclusive dos direitos à educação, à saúde, ao trabalho, ao lazer, à previdência social, ao amparo à infância e à maternidade, e de outros que, decorrentes da Constituição e das leis, propiciem seu bem-estar pessoal, social e econômico".

O Inciso II do mesmo artigo 2º prevê a promulgação de outra lei com o objetivo de criar e assegurar uma reserva de mercado em toda a economia brasileira:

> ....
>
> d) adoção de legislação específica que discipline a reserva de mercado de trabalho, em favor das pessoas portadoras de deficiência, nas entidades da administração pública e do setor privado...".

Embora a lei não tenha dito como se pode disciplinar o mercado de trabalho para assegurar vagas, o instituto, no seu

---

(4) Para uma visão completa da legislação brasileira no campo da proteção dos portadores de deficiência, consultar a coletânea preparada pelo Ministério do Trabalho e Emprego no seu "site": www.mte.gov.br

artigo 3º, estabeleceu o caminho a ser seguido para punir os eventuais infratores:

"As ações civis públicas destinadas à proteção de interesses coletivos ou difusos das pessoas portadoras de deficiência poderão ser propostas pelo Ministério Público[5], pela União, Estados, Municípios e Distrito Federal; por associação constituída há mais de um ano; por autarquia, empresa pública, fundação, ou sociedade de economia mista que inclua, entre suas finalidades institucionais, a proteção das pessoas portadoras de deficiência"[6].

O artigo 8º vai mais longe ao criminalizar a discriminação do portador de deficiência. Dentro dessa provisão, lê-se o seguinte:

"Constitui crime punível com reclusão de 1 a 4 anos, e multa:

....

---

(5) As organizações de portadores de deficiência têm muita esperança no trabalho do Ministério Público junto às empresas privadas e aos órgãos do governo. Nas palavras de um dos procuradores do Ministério Público Federal depreende-se o seguinte: "É importante não esmorecer, pois agora os deficientes ganharam um aliado muito forte, o Ministério Público. É necessário utilizar o Ministério Público Federal e Estadual. O deficiente que enfrenta problemas tem de se dirigir ao Ministério Público, levando a Lei n. 7.853/89, para que este o ajude. Ao deficiente, é importante entender bem os seus direitos, e brigar por eles" (*Araújo*, 1992).

(6) O Ministério Público do Trabalho vem instaurando inúmeros "procedimentos investigatórios" que buscam obter, por parte das empresas que não preenchem as cotas legais, o compromisso de informar ao SEMPRE (Sistema Público de Emprego) ou ao Serviço de Reabilitação do INSS, assim como o número de vagas disponíveis para a admissão de portadores de deficiência. Esses serviços possuem cadastros de portadores de deficiência que se inscrevem para obtenção de empregos.

III — negar, sem justa causa, a alguém, por motivos derivados de sua deficiência, emprego ou trabalho"[7].

A Lei n. 8.112/90, no seu artigo 5º, parágrafo 2º, criou uma reserva de mercado específica para os órgãos civis da União, autarquias e fundações públicas federais, ao estabelecer que:

"Às pessoas portadoras de deficiência é assegurado o direito de se inscrever em concurso público para o provimento de cargo cujas atribuições sejam compatíveis com a deficiência de que são portadoras; para tais pessoas serão reservadas até 20% das vagas oferecidas no concurso".

A Lei n. 8.213/91, por sua vez, estabeleceu cotas compulsórias a serem respeitadas pelos empregadores na admissão e demissão de portadores de deficiência. Segundo o seu artigo 93, as empresas do setor privado que tenham mais de 100 empregados passaram a ter de obedecer a cotas legais para contratar portadores de deficiência habilitados, a saber: I — de 100 a 200 empregados, 2%; II — de 201 a 500, 3%; III — de 501 a 1.000, 4%; IV — de 1.001 ou mais, 5%.

Além disso, essa lei estabelece que a dispensa de trabalhador reabilitado ou de portador de deficiência habilitado, só pode ocorrer após a contratação de substituto de condição semelhante. A Portaria n. 4.677/98, do Ministério da Previdência e Assistência Social, no seu artigo 1º, definiu essas categorias da seguinte maneira:

---

(7) Várias sentenças judiciais já condenaram supermercados de São Paulo a contratar portadores de deficiência nos termos da Lei n. 8.213/91.

"§ 1º — Consideram-se beneficiários reabilitados todos os segurados vinculados ao Regime Geral da Previdência Social (RGPS), submetidos ao processo de reabilitação profissional desenvolvido ou homologado pelo INSS.

§ 2º — Consideram-se pessoas portadoras de deficiência, habilitadas, aquelas que não vinculadas ao RGPS que tenham se submetido ao processo de habilitação profissional desenvolvido pelo INSS ou por entidades reconhecidas legalmente para este fim".

A mesma Lei n. 8.213/91 trata da verificação da condição de incapacidade e da aposentadoria por invalidez. Essa lei prevê o pagamento dos seguintes benefícios aos portadores de deficiência: (a) aposentadoria especial (para os que foram expostos a condições de trabalho que prejudicaram a saúde); (b) auxílio-doença (para os incapacitados que se afastam do trabalho); (c) auxílio-acidente(8) (para os acidentados que entram em licença).

O artigo 44 dispõe que essa aposentadoria consistirá numa renda mensal correspondente a:

"I — 80% do salário-de-benefício, mais 1% deste, por grupo de 12 contribuições, não podendo ultrapassar 100% do salário-de-benefício; ou

II — 100% do salário-de-benefício ou do salário-de-contribuição vigente no dia do acidente, o que for mais

(8) O Anexo III do Decreto n. 3.048/99 apresenta uma lista atualizada das situações que dão direito ao auxílio-acidente.

vantajoso, caso o benefício seja decorrente de acidente de trabalho".

O artigo 45 diz que "o valor da aposentadoria por invalidez do segurado que necessitar da assistência permanente de outra pessoa será acrescido de 25%"[(9)].

A Lei n. 8.212/91, que instituiu o Plano de Custeio da Previdência Social, no seu artigo 22, parágrafo 4º, determinou o seguinte:

> "O Poder Executivo estabelecerá, na forma da lei, ouvido o Conselho Nacional de Seguridade Social, mecanismos de estímulo às empresas que se utilizem de empregados portadores de deficiência física, sensorial ou mental, com desvio do padrão médio"[(10)].

A Lei Orgânica da Previdência Social (Lei n. 8.742/93), nos seus artigos 1º e 2º, reafirmou, no âmbito da seguridade social, a garantia dos portadores de deficiência à habilitação e reabilitação assim como, aos carentes, o recebimento de um salário mínimo mensal.

No âmbito da Consolidação das Leis do Trabalho (CLT), o artigo 461 estimula a reinserção do trabalhador portador de deficiência reabilitado em nova função.

---

(9) O Anexo I do Decreto n. 3.048/99 contém a relação das situações em que o aposentado por invalidez terá o direito à majoração de 25% prevista nessa lei.

(10) Esta lei de estímulo às empresas, que, aliás, constitui uma peça-chave nos sistemas de apoio aos portadores de deficiência em vários países, ainda não foi aprovada. O Projeto de Lei n. 190/97, de autoria da Senadora Benedita da Silva (PT/RJ), tratava desse assunto, mas foi arquivado em 1997.

Também no âmbito da legislação ordinária, o Brasil revela ao mundo o seu claro propósito de apoiar a inserção dos portadores de deficiência no mercado de trabalho. Resta saber se esses mandamentos legais respeitam e têm a força de reordenar as leis do mercado para, enfim, ajustá-las às leis do Parlamento.

4. Outras Proteções Legais

O Decreto n. 914/93 instituiu a Política Nacional para a Integração da Pessoa Portadora de Deficiência. Dentre as suas diretrizes, está a necessidade de se:

> "promover medidas que visem a criação de empregos e que privilegiem atividades econômicas de absorção de mão-de-obra de pessoas portadoras de deficiência, assim como proporcionar ao portador de deficiência qualificação e incorporação no mercado de trabalho (artigo 5º, Incisos VII e VIII).

A Portaria n. 4.017/95, do então Ministério da Administração Federal e Reforma do Estado, recomendou aos órgãos públicos, a flexibilização do horário de trabalho para os portadores de deficiência.

A Portaria n. 4.677/98, do Ministério da Previdência e Assistência Social, disciplinou o atendimento dos portadores de deficiência no âmbito da seguridade social.

Há várias medidas legais de âmbito mais geral tomadas nos níveis federal, estadual e municipal, que visam, igualmente, apoiar os portadores de deficiência. Dentre elas, convém citar, resumidamente, as seguintes:

A Lei n. 8.069/90 (Estatuto da Criança e do Adolescente) prevê que a criança e o adolescente portadores de deficiência receberão atendimento especializado. A mesma lei garante que ao adolescente portador de deficiência será assegurado trabalho protegido.

A Lei n. 9.394/96 (Diretrizes e Bases da Educação Nacional) garante educação especial aos portadores de deficiência.

A Lei n. 8.889/94, no seu artigo 1º, garantiu passe livre às pessoas portadoras de deficiência, comprovadamente carentes, no sistema de transporte coletivo interestadual.

A Lei n. 8.998/95 garantiu isenção de IPI na aquisição de automóveis para a utilização no transporte autônomo de passageiros, bem como por pessoas portadoras de deficiência física.

Dentre as poucas medidas voltadas para a estimulação das empresas, tem destaque a Portaria n. 772, de 26.8.99, do Ministro do Trabalho, ao estabelecer um mecanismo que permite apoiar o trabalho de portadores de deficiência em instituições contratadas pelas empresas sem cortar, contudo, nas suas respectivas cotas. Os principais pontos dessa Portaria são:

> "Art. 1º — O trabalho de pessoa portadora de deficiência não caracterizará relação de emprego com o tomador de serviços, se atendidos os seguintes requisitos:

I — realizar-se com a intermediação de entidade sem fins lucrativos, de natureza filantrópica e de comprovada idoneidade, que tenha por objeto assistir o portador de deficiência;

II — a entidade assistencial intermediadora comprovar a regular contratação de portadores de deficiência nos moldes da CLT;

III — o trabalho destinar-se a fins terapêuticos, desenvolvimento da capacidade laborativa reduzida devido a deficiência, ou inserção da pessoa portadora de deficiência no mercado de trabalho;

IV — igualdade de condições com os demais trabalhadores, quando os portadores de deficiência estiverem inseridos no processo produtivo da empresa;

§ 1º O trabalho referido neste artigo poderá ser realizado na própria entidade que prestar assistência ao deficiente ou no âmbito da empresa que para o mesmo fim celebrar convênio ou contrato com entidade assistencial".

A Lei n. 9.867/99 dispôs sobre a criação e funcionamento de cooperativas sociais, visando à integração social dos cidadãos. Teoricamente, essa inovação criava um importante mercado de trabalho para os portadores de deficiência pois, ali, eles poderiam exercer atividades como cooperados e não como assalariados, que é a modalidade mais difícil em vista das despesas que decorrem da contratação de trabalhadores com vínculo empregatício.

No caso da lei em pauta, o Congresso Nacional deixou explícita a possibilidade de utilização das cooperativas sociais para esse fim ao estabelecer no artigo 3º:

"Consideram-se pessoas em desvantagem, para efeitos desta Lei:

I — os deficientes físicos e sensoriais;

II — os deficientes psíquicos e mentais, as pessoas dependentes de acompanhamento psiquiátrico permanente, e os egressos de hospitais psiquiátricos;

...."

A Lei n. 5.764/71, que regulamenta a criação, estrutura e gestão das cooperativas em geral, ao tratar da promoção social dos cooperados (art. 4º), já permitia a organização de cooperativas para os portadores de deficiência. Seria lógico que a Lei n. 9.867/99, que veio dar um estímulo à participação dos portadores de deficiência como cooperados das cooperativas sociais, viesse a respeitar a Lei n. 5.764/71.

Isso é o que constava do projeto aprovado pelo Congresso Nacional. Mas o Presidente da República retirou a abrangência da Lei n. 5.764/71. Na prática, as cooperativas sociais ficaram com um escopo mais reduzido, perdendo-se, dessa forma, a oportunidade de se ampliar o mercado de trabalho para os portadores de deficiência. Mesmo assim, as vagas ali preenchidas não poderiam ser contabilizadas nas cotas das empresas.

As cooperativas de trabalho têm sido uma boa alternativa num mundo onde há trabalho e nem sempre há emprego. Através dessa forma de associativismo, os trabalhadores-cooperados, além de trabalhar e gerar renda, recebem das cooperativas treinamentos que promovem a sua capacitação e empregabilidade. Infelizmente, o Brasil está abrigando vários casos de cooperativas fraudulentas e que são usadas por dirigentes e empresários inescrupulosos apenas para escapar ao pagamento dos encargos sociais.

Mas isso não é suficiente para se jogar fora uma boa idéia, em especial no campo do trabalho dos portadores de deficiência. O importante nesse caso é combater as fraudes e os fraudadores e fortalecer as cooperativas idôneas e bem montadas. As cooperativas sociais para o trabalho de portadores de deficiência são bastante disseminadas na Europa, em especial na Itália, e têm alargado de forma expressiva as oportunidades de trabalho para aquelas pessoas.

No nível federal, o Poder Executivo editou o Decreto n. 3.298/99 com o objetivo de fixar uma Política Nacional para a Integração de Pessoas Portadoras de Deficiência no mercado de trabalho e na sociedade em geral. O decreto, que definiu com mais detalhes a deficiência física, auditiva, visual, mental e múltipla, engloba vários dispositivos legais anteriores e avança em campos ainda não cobertos por eles.

A política concebida naquele instituto pressupõe que a integração dos portadores de deficiência no meio em que vivem depende da ação conjunta do Estado e da sociedade civil. Caberá ao Conselho Nacional dos Direitos da Pessoa Portadora de Deficiência (CONADE)[11] zelar pela efetiva implantação da referida política, aprovar o plano de ação anual da Coordenadoria Nacional para Integração da Pessoa Portadora de Deficiência (CORDE)[12], assim como propor estudos, programas de ação e mecanismos para ajudar a sociedade a encontrar os melhores caminhos nesse terreno.

O decreto define ainda uma série de responsabilidades dos órgãos públicos nos campos da educação, saúde, cultura, lazer, turismo, ajudas técnicas, habilitação e reabilitação profissionais. No que tange ao acesso ao trabalho (Seção IV), apesar do instituto ter sido editado no final de 1999, época em que poderia ter incorporado os ensinamentos das boas experiências realizadas em outros países e as inovações institucionais delas decorrentes, manteve-se adstrito ao sistema de cotas obrigatórias e limitadas ao vínculo empregatício direto, sem deixar margem para a articulação desse sistema com outros mecanismos de estímulo aos portadores de deficiência.

O art. 34 examina a alternativa de se promover o "trabalho protegido" dos portadores de deficiências mais severas através das cooperativas sociais:

"Art. 34 — É finalidade primordial da política de emprego a inserção da pessoa portadora de deficiência no merca-

---

(11) O CONADE foi constituído, paritariamente, por representantes de instituições governamentais e da sociedade civil, sendo a sua composição e o seu funcionamento disciplinados em ato do Ministro da Justiça.

(12) A CORDE faz parte da Secretaria de Estado dos Direitos Humanos que pertence ao Ministério da Justiça.

do de trabalho ou sua incorporação ao sistema produtivo mediante regime especial de trabalho protegido.

Parágrafo único — Nos casos de deficiência grave ou severa, o cumprimento do disposto no *caput* deste artigo poderá ser efetivado mediante a contratação das cooperativas sociais de que trata a Lei n. 9.867, de 10 de novembro de 1999".

No artigo 35, há a previsão de várias modalidades de inserção laboral, incluindo-se aqui a promoção do trabalho autônomo, realizado no domicílio ou em cooperativas. Em nenhum desses casos, porém, é possível às empresas incluir essas modalidades de trabalho dentro de suas cotas.

Para ampliar as oportunidades de trabalho formal dos portadores de deficiência, seria aconselhável que os subcontratados, terceirizados e os cooperados que viessem a trabalhar em conexão com empresas contratantes dos seus serviços pudessem ser contabilizados nas cotas das empresas contratantes. Isso ampliaria substancialmente as oportunidades de trabalho dos portadores de deficiência (ver Capítulos 6 e 7).

Até o fechamento deste livro (setembro de 2000), essa sistemática foi resistida pelas autoridades encarregadas da gestão da política de integração acima mencionada. Exemplo disso é o Projeto de Lei n. 2.222/99 de autoria do Poder Executivo (aprovado na Câmara dos Deputados e encaminhado para o Senado Federal, onde recebeu o número de PLS 44/00), que abre a possibilidade de terceirização com entidades beneficentes de e para portadores de deficiência.

Mas, outra vez, esse projeto, desde o seu nascedouro, impediu que a empresa contratante dos portadores de deficiência junto a uma entidade beneficente pudesse computar o número de contratados em sua cota legal. Se, de um lado, o novo gesto pretendeu abrir as portas do mercado, de outro, o dispositivo proposto restringiu as oportunidades de trabalho para os portadores de deficiência[(13)].

No Brasil, o sistema de cotas está ligado ao conceito de habilitação. O art. 36 do Decreto n. 3.298/99 ratifica o sistema de cotas, sendo aplicável aos beneficiários da Previdência Social *reabilitados* ou a pessoas portadoras de deficiência *habilitadas.*

Nos parágrafos 2º e 3º, o conceito de habilitação, anteriormente definido na Lei n. 8.212/91 e na Portaria n. 4.677/98 do Ministério da Previdência e Assistência Social, foi mais explicitado, tomando a seguinte forma:

> "§ 2º — Considera-se pessoa portadora de deficiência *habilitada* aquela que concluiu curso de educação profissional de nível básico, técnico ou tecnológico, ou curso superior, com certificado ou diplomação expedida por instituição pública ou privada, legalmente credenciada pelo Ministério da Educação ou órgão equivalente, ou aquela com certificado de conclusão de processo de habilitação ou reabilitação profissional fornecido pelo INSS.

---

(13) No fechamento deste livro e, em parte, por propostas do Autor, apresentadas em artigos de *O Estado de S. Paulo* (*Pastore*, 2000a; 2000b) e outros veículos (*Pastore*, 2000c), iniciou-se uma discussão sobre a possibilidade de se instituir no Brasil os sistemas de cota-contribuição e cota-terceirizada.

§ 3º — Considera-se, também, pessoa portadora de *deficiência* habilitada aquela que, não tendo se submetido a processo de habilitação ou reabilitação, esteja capacitada para o exercício da função".

É de grande importância o parágrafo 3º. Ele, em si, abre uma enorme porta para as empresas que não desejam contratar, como será explicado no capítulo 6. Basta a elas elevar as exigências de qualificação da vaga a ser ofertada, o que, automaticamente, restringe o número de candidatos para aquele posto.

Continuou viva, no decreto em tela, a restrição relativa à substituição. Todo portador de deficiência habilitado dispensado só pode ser substituído por outro, também habilitado. Isso significa que a empresa que entra no sistema de cotas não pode mais sair dele — ainda que, por justo motivo, venha a suspender as atividades nas quais trabalham os portadores de deficiência.

Esse tipo de proteção exagerada tende a assustar o empregador, transformando-se em discriminação adicional. As empresas, temendo não encontrar substituto equivalente para o portador de deficiência que vier a ser desligado e não podendo demitir até mesmo quando encerrar as atividades em que ele trabalha, resistem em admitir o primeiro — o que limita as oportunidades de trabalho para os portadores de deficiência como um todo. (ver Capítulos 6 e 7)

5. O Debate entre o Jurídico e Econômico

Quando se examina o aparato legal acima resumido conclui-se que a fraca participação dos portadores de deficiência no mercado de trabalho do Brasil decorre não da falta de leis e de fiscalização, mas sim da carência de ações, estímulos e instituições que viabilizem, de forma concreta, a formação, habilitação, reabilitação e inserção dos portadores de deficiência no mercado de trabalho.

As nações bem-sucedidas nesse campo baseiam o apoio a essas pessoas em um intrincado tripé, a saber, educação reabilitação e compensações às empresas por meio de estímulos e benefícios.

Os países diferem quanto à ênfase que é dada a cada um desses componentes. Alguns reforçam o papel da educação e reabilitação; outros privilegiam as compensações. Mas, por trás dessas ênfases, há uma concepção filosófica bifurcada em duas vertentes básicas. Alguns querem fazer a inserção por meio da lei. Outros, pela estimulação do mercado. Em outras palavras, de um lado está a filosofia que acredita na "ilimitada" força da lei. De outro, a que acredita na "invisível" força do mercado.

Na filosofia do jurisdicismo, a ênfase tende a ser colocada nos direitos civis, objetivando-se, com isso, evitar e punir toda e qualquer forma de discriminação das pessoas portadoras de deficiência.

Na filosofia do mercado, a ênfase é colocada na necessidade de se prover recursos e estímulos para que os agentes econômicos reajam e venham apoiar o desenvolvimento dos portadores de deficiência.

Essas concepções não são mutuamente exclusivas. Na verdade, os países mais desenvolvidos descobriram que a melhor estratégia é a que combina os elementos de regulação legal com os elementos de estimulação econômica (ver Capítulo 5).

O que parece difícil — senão impossível — é ter sucesso com apenas uma ou outra estratégia. Os países que decidiram supervalorizar o papel das leis antidiscriminação, por exemplo, estão percebendo haver algumas diferenças expressivas entre a situação dos portadores de deficiências e a de outros grupos minoritários — o que restringe a força dos institutos legais. O que vale para uns, não vale para outros. Vejamos por que.

O exercício dos direitos civis dos portadores de deficiência no mercado de trabalho implica custos que não existem na maioria dos casos da incorporação de membros de outras minorias. Para empregar um negro, por exemplo, as empresas têm as mesmas despesas que para recrutar e empregar um branco. Mas para empregar um portador de deficiência, há custos de adaptação que não podem ser ignorados. A discriminação econômica só ocorre, portanto, quando entre duas pessoas de igual custo e produtividade, a empresa escolhe uma delas por razão de idade, sexo, cor ou não-deficiência.

Isso gera inúmeras complicações no momento em que os casos são levados à Justiça. Nos Estados Unidos,no caso de sexo e raça, qualquer pessoa que se sinta discriminada pode acionar judicialmente quem a discrimina. No caso da deficiência, apenas os que são definidos como "pessoas deficientes qualificadas para o trabalho" é que podem acionar os discriminadores. Isso requer uma ação prévia, que, muitas vezes, envolve perícias médica, psicológica e outras — o que não acontece nos casos de sexo e raça.

As pesquisas sobre o assunto mostram que atitudes positivas em relação ao trabalho de portadores de deficiência não resultam automaticamente das leis ou da fiscalização. Os empregadores inclinados a contratar portadores, costumam recuar quando têm de enfrentar as despesas e os problemas gerados pelo seu emprego em ambientes de não-portadores de deficiência, e que nem sempre aceitam bem o trabalho daqueles (*Lyth*, 1973).

Nem todo empregador está pronto para entender o problema do lado do portador de deficiência e para preparar o ambiente de trabalho para a sua inclusão. Aliás, até as famílias, em muitos casos, não estão preparadas para receber um membro que seja portador de deficiência (*Ribas*, 1983). A mudança desse quadro depende muito mais de educação e medidas estimuladoras do que de fiscalização e punição.

No campo do trabalho, os portadores de deficiência são vistos como geradores de custos que levam muitas empresas a evitá-los. Por isso, a sua inserção depende não só da superação de preconceitos mas também da viabilização econômica de sua adaptação (*Baldwin*, 1997). E depende ainda de os empregadores ganharem experiência e de descobrirem as vantagens comparativas derivadas do trabalho dos portadores de deficiência.

As pesquisas mostram que os empregadores que chegam a amadurecer essa experiência tendem a valorizar o bom desempenho dos portadores de deficiência. Da mesma forma, os portadores que mais se beneficiam dos programas de apoio são os que conseguem transmitir aos empregadores os sinais de que sua produtividade compensa os seus custos.

O reconhecimento dessa realidade oferece uma importante lição. A absorção dos portadores de deficiência no ambiente de trabalho exige um conjunto de forças que vai muito além do mero direito, garantido por uma lei civil que busca banir a discriminação. Forçar demais e, especialmente, em condições irreais pode levar os empresários a usar subterfúgios para não empregar ou, o que é pior, admitir por obrigação, marginalizando o portador de deficiência no local de trabalho, e criando contra ele um estigma mais forte do que tinha antes de trabalhar. Na verdade, isso tem frustrado muitos portadores de deficiência que esperavam grandes progressos nas suas vidas pela simples razão de serem tratados pela lei civil como membros de uma minoria que não pode ser discriminada.

Por isso, vale a pena avaliar as experiências dos países que combinaram o tratamento jurídico com o econômico em programas bem-sucedidos de integração de portadores de deficiência no mercado de trabalho (ver Capítulo 5).

Dentro dessa combinação, há três tipos de medidas. Em primeiro lugar têm destaque as leis trabalhistas gerais que visam garantir os direitos ao trabalho e à formação profissional. Em segundo lugar estão as medidas que visam de forma específica a reabilitação das pessoas portadoras de deficiência[14]. Em terceiro lugar estão as ações concretas nos campos da saúde, educação, acesso e transporte dos portadores de deficiência na sociedade em geral e, em especial, nos ambientes de trabalho, concedendo ainda deduções tributárias para as empresas que empregam portadores de deficiência (*Momm* e *Iuchi*, 1998).

Os que defendem o tratamento estritamente jurídico rejeitam a idéia de que a simples alternativa de estímulos, prêmios e penalidades econômicas possa garantir que a sociedade venha a prover aos portadores de deficiência as oportunidades que eles precisam no mercado de trabalho (*Colker*, 1998) e insistem na necessidade de o Estado criar mecanismos legais para obrigar a sociedade a assumir o tratamento condigno dos portadores de deficiência, impondo sanções e penalidades para os que evitam ou escapam da sua responsabilidade social.

Os que defendem o tratamento econômico, por outro lado, argumentam que a compulsoriedade legal transmite sinais de punição, o que leva os empregadores a contratar portadores de deficiência a contragosto — em condições bem mais precárias do que a lei deseja e os portadores merecem (*Epstein*, 1992; *Bickenbach*, 1993) —, argumentando que as empresas reagem melhor a estímulos e punições econômicas do que a sanções legais (*Boden*, 1995).

---

(14) No Brasil, mais de 90% das cidades não possuem serviços de reabilitação. A maioria das instituições existentes são beneficentes, filantrópicas ou de caridade — com pouco profissionalismo — e as melhores são particulares e caras, geralmente inacessíveis à maioria dos necessitados (*Figueiredo* e *Ribas*, 1987).

A verdade parece estar na combinação dos dois argumentos. Os portadores de deficiência não necessitam de medidas preferenciais, mas sim da remoção das barreiras que impedem a sua inserção no mercado de trabalho. As barreiras mais sérias são de ordem social, ou seja, os preconceitos e as idiossincrasias dos que recrutam profissionais (*Machado*, 1998). Superadas essas resistências, verifica-se que os portadores de deficiência podem ser muito produtivos, mediante pequenas adaptações.

Por isso, os empregadores precisam ser educados e estimulados a fazer uma "acomodação razoável" para exercer as suas atividades no máximo de sua potencialidade. Por exemplo: se o prédio onde está o local de trabalho tem cinco degraus, esses degraus constituem uma barreira para quem tem competência profissional, mas usa cadeira de rodas. Uma acomodação razoável consistiria na eliminação desses degraus ou na construção de uma rampa — ajudados por linhas de financiamento, quando necessárias. Esse é um caso típico no qual esclarecimentos e estímulos ajudam mais do que punição.

Os defensores das imposições legais argumentam que essas acomodações jamais serão feitas pelos empregadores se o mercado oferecer — como, de fato oferece — uma expressiva parcela de trabalhadores que não demandam acomodação. Ou seja, dentro dessa doutrina, o exercício da responsabilidade de acomodar só pode ser atingido por mandamentos legais, e não por condutas voluntárias.

Repetindo, os casos de sucesso têm surgido quando se combinam, em doses racionais, a compulsoriedade e a estimulação.

As leis antidiscriminação no campo da deficiência têm menos de 20 anos. Na verdade, elas surgiram depois das leis dos direitos civis e que almejavam banir a discriminação de sexo e de raça.

A aprovação do "American with Disabilities Act" (ADA)[(15)], em 1990, instigou a disseminação de políticas de proteção legal aos portadores de deficiência em vários países. A Austrália, Canadá, Inglaterra, Alemanha, Holanda e vários países da Europa aprovaram leis de antidiscriminação com vistas a proteger os portadores de deficiência no mercado de trabalho[(16)].

Entretanto, em todos os casos, essas leis foram acompanhadas de medidas complementares. Ao mesmo tempo que elas insistem na responsabilidade social das empresas em relação aos portadores de deficiência, as leis prevêem a operação de sistemas de estímulo aos empregadores para incorporar mais e mais portadores de deficiência nos seus quadros de pessoal. E, do lado dos portadores de deficiência, elas

(15) Para uma visão compreensiva da lei e dos regulamentos administrativos que presidem as atividades de apoio aos portadores de deficiência nos Estados Unidos, assim como as principais peças da jurisprudência acumulada entre 1990-99, ver *Colker* e *Tucker*, 1999.

(16) A Lei dos Deficientes nos Estados Unidos (ADA) proíbe a discriminação contra pessoas portadoras de deficiência que são qualificadas para realizar atividades mediante pequenas acomodações no trabalho, na arquitetura e no transporte (*Outten* e outros, 1994).

garantem programas eficientes de educação, reabilitação e qualificação.

Em vários países da Europa, essas leis foram acopladas ao sistema de cotas (ver Capítulos 6 e 7). Em outros, como Estados Unidos, Canadá, Austrália, Holanda, Suécia, Dinamarca, inexistem cotas. Neles, as violações das leis antidiscriminação são resolvidas em órgãos administrativos e tribunais de justiça.

A realidade está mostrando que a administração dos sistemas legais baseados exclusiva ou predominantemente em leis vigorosas de antidiscriminação de portadores de deficiência é uma tarefa complexa. O potencial de conflitos tende a aumentar, em decorrência das próprias particularidades das leis, e dos sistemas de implementação.

Nos países em que a lei exige uma "acomodação razoável" do portador de deficiência qualificado, essa acomodação passou a fazer parte da definição de deficiência qualificada, e isso tem desdobramentos complicados para a vida das empresas e dos próprios portadores de deficiência. Nos Estados Unidos, essas nuanças estão levando as organizações a confundirem deficiência com doença, e isso é levado aos tribunais, gerando um sem-número de ações de extrema complexidade.

Examinemos, por exemplo, o caso de uma pessoa que possui diabetes e que depende de insulina. Teoricamente, ela é doente mas não deficiente. Mas as complicações surgem no momento em que essa pessoa se candidata para preencher uma vaga em uma empresa que busca um profissional qualificado. Passando nos testes, e aprovada quanto ao mérito, ela vai demandar do empregador intervalos diários para tomar injeções de insulina. Ou seja, ela não tem plena capacidade de trabalhar continuamente como fazem os demais funcionários. Essa é uma limitação que, na lei americana, começa a ser invocada como deficiência, exigindo-se, da parte da empresa, uma acomodação razoável.

Os intervalos para administração de insulina são a forma que a empresa encontrou para fazer a "acomodação razoável". No caso dos Estados Unidos, isso feito, por força da natureza da lei, aquela pessoa se torna "portadora de deficiência qualificada", passando a gozar da proteção das leis antidiscriminação, dentre elas, a impossibilidade de demissão por esse motivo.

A Lei dos Deficientes nos Estados Unidos não garante proteção à todos os portadores de deficiência para fins de trabalho mas, apenas, aos que são qualificados. Essa restrição que, aparentemente, é um atenuante, na verdade, tem sido o estopim de um grande número de conflitos no campo da discriminação dos portadores de deficiência.

Ou seja, as pessoas juntam várias peças da definição de portador qualificado para encontrar, no tribunal, o apoio a causas tecnicamente bem fundamentadas. O rigor técnico, porém, pouco tem a ver com um relacionamento harmonioso entre empregadores e empregados portadores de deficiência. Por isso, o número de ações trabalhistas, com esse tipo de lei, está crescendo de maneira extraordinária.

São problemas desse tipo que levam os defensores da abordagem econômica a duvidar da eficiência das imposições legais como forma única ou predominante de resolução dos problemas dos portadores de deficiência. Estes precisam de mais empregos e não de mais ações.

As pesquisas mais recentes demonstram que, da sua implantação até os dias atuais (1992-2000), a Lei dos Deficientes dos Estados Unidos não conseguiu alavancar de modo expressivo a sua participação no mercado de trabalho. Ao contrário, o novo instituto vem gerando um número preocupante de ações judiciais, em geral, perdidas pelos seus autores. Nos Estados Unidos, os portadores de deficiência têm ganho apenas 20% das ações que promovem junto à "Equal Employment Opportunity Commission — EEOC", que é uma instância administrativa (*Mundrick*, 1997). Os perdedores, quando decidem recorrer aos tribunais, amargam derrotas maiores e mais onerosas. Os grandes beneficiários dessa estratégia têm sido os advogados.

Este livro defende a idéia de que a legislação é da mais absoluta necessidade para levar a sociedade, em geral, e as empresas, em particular, a cumprir com sua responsabilidade social. Entretanto, isso não basta. O bom atendimento dos portadores de deficiência e, sobretudo, a sua inserção ou reinserção no mercado de trabalho dependem de programas compreensivos que envolvem inúmeras ações, dentre as quais, a lei é apenas uma delas. Esse é também o espírito da "Carta para o Terceiro Milênio", aprovada em Londres, em 9 de setembro de 1999 e ratificada pelo Congresso Mundial da "Rehabilitation International", realizado no Rio de Janeiro, no ano 2000.

"Cada nação precisa desenvolver, com a participação das organizações de e para pessoas com deficiência, um plano abrangente que tenha metas e cronogramas definidos para fins de implementação dos objetivos expressos nesta Carta" (Rehabilitation International, 2000).

A descrição dos referidos planos, assim como das políticas públicas e programas de ação abrangentes, constitui o objeto dos próximos capítulos.

Capítulo 3

As Oportunidades de Trabalho

Durante muito tempo, os portadores de deficiência física, sensorial e mental foram vistos como necessitados do atendimento de pessoas de boa vontade e de entidades filantrópicas. As suas limitações eram encaradas como um problema individual, e que pouco poderiam ser aliviadas através de uma efetiva participação da sociedade.

Por ignorância, preconceito, negligência, superstição e medo, muitas pessoas evitavam o contato social e o relacionamento profissional com portadores de deficiência. Ainda hoje, devido à persistência de desinformação e inadequação das condições de arquitetura, transporte e comunicação, muitas pessoas produtivas continuam sem condições de competir no mercado de trabalho.

O fato é que a grande parte dos portadores de deficiência apresenta limitações superáveis mediante pequenas acomodações no local de trabalho, na arquitetura e nos meios de transporte. Apesar disso, a maioria continua com menos chance de trabalhar; quando trabalham, ganham menos e apresentam uma enorme insegurança no emprego (*Stoddard* e outros, 1998).

O fenômeno é mundial. Em todos os países, o mercado de trabalho é mais restrito aos portadores de deficiência. As causas são múltiplas. De um lado, a falta de qualificação. De outro, a falta de esclarecimento. E, por cima de tudo, a falta de estímulos que facilitam a sua contratação. Essas três causas serão tratadas ao longo deste livro.

Os profissionais que têm obtido bons resultados na colocação de portadores de deficiência no mercado de trabalho costumam dizer que, para tanto, são necessários três tipos de ações. Em primeiro lugar, a preparação dos candidatos. Em segundo lugar, o esclarecimento dos tomadores de seus serviços. Em terceiro lugar, o ajuste da comunidade (*Copus*, 2000).

1. As Estatísticas do Trabalho

Ao estudar a questão dos portadores de deficiência no campo trabalhista há que se considerar, em primeiro lugar, a sua participação na força de trabalho, e, em segundo lugar, a sua participação como trabalhadores ocupados.

Uma grande parcela dos portadores de deficiência não faz parte da força de trabalho. Dentre eles se incluem os que têm limitações muito severas, os afastados temporariamente, os aposentados por razão de deficiência, os muito idosos e os desalentados.

Dentre os que fazem parte da força de trabalho, apenas uma parcela trabalha de maneira regular e contínua. Os demais nunca trabalharam ou entram em episódios repetidos de desocupação. Essas observações valem para a maior parte dos países do mundo e, em especial, para o Brasil, onde as políticas públicas que cuidam da inserção e retenção no mercado de trabalho são muito incipientes.

Os portadores de deficiência constituem uma minoria, sem dúvida. Mas o seu número é expressivo. A ONU estima que 10% da população mundial apresenta algum tipo de limitação, incluindo-se as restrições leves, moderadas e severas. São mais de 600 milhões de pessoas!

Os portadores de deficiência se concentram nos países mais pobres[17]. Mais de 400 milhões de portadores de deficiência vivem em zonas que não dispõem dos serviços necessários para ajudá-los a superar as suas limitações (*Elwan*, 1999).

No Brasil, ao aplicar-se a média mundial de 10%, chega-se a mais de 16 milhões de portadores de deficiência (MPAS, 1998). O Nordeste concentra 40% dos portadores de deficiência; o Norte, 14%; o Sudeste, 12%; o Sul, 18%; e o Centro-Oeste, 16%.

Pelos cálculos da Organização Mundial de Saúde (OMS), entre os portadores de deficiência existentes no Brasil, 50% têm limitações mentais; 20% portam deficiência física; 15%, de audição; 5%, visuais; 10%, deficiências múltiplas (*Figueiredo* e *Ribas,* 1987).

---

(17) As deficiências, no mundo, decorrem de guerras, violência e acidentes de trânsito; acidentes do trabalho; famílias carentes e com muitos filhos; analfabetismo e falta de informação; falta de conhecimentos sobre deficiência; programas inadequados; canalização de recursos para serviços altamente especializados e irrelevantes para as necessidades da maioria dos portadores de deficiência.

Nas regiões mais pobres, a principal causa de deficiência é a desnutrição. Em segundo, lugar, as deformações pré-natais. Em seguida, as doenças infecciosas e os acidentes.

O grau de dependência e autonomia dos portadores de deficiência varia de país para país. Nos países desenvolvidos, graças a difusão mais ampla dos equipamentos de apoio, a proporção de portadores de deficiência que depende de outras pessoas tende a ser menor do que nos países onde isso não ocorre[18].

Das 16 milhões de pessoas portadoras de algum tipo de restrição física, sensorial ou mental que vivem no Brasil, estima-se em 9 milhões as que estão em idade de trabalhar. Mas as que trabalham, formal e informalmente, mal chegam a um milhão — pouco mais de 10% (IBGE, 1991; *Carreira*, 1996) —, o que nos coloca bem abaixo dos Estados Unidos e demais países desenvolvidos, onde o trabalho formal varia de 30% a 45%.

No Brasil, dentro do que se chama trabalho, a vasta maioria é constituída de pedintes de rua (principalmente cegos e portadores de limitações físicas), camelôs que trabalham irregularmente, vendedores de bilhete de loteria, distribuidores de adesivos nos semáforos e os que pedem dinheiro em nome de entidades que cuidam de portadores de deficiência (*Ribas*, 1983).

---

(18) Nos Estados Unidos, por exemplo, a dependência nos casos de deficiência leve é de 26%. Nos casos de limitações moderadas, 51%. E nas limitações severas, 77% (*Bryan*, 1996).

O Brasil não dispõe de dados seguros a respeito das atividades dos portadores de deficiência[19]. As estimativas existentes são bastante desencontradas[20]. Mas, se formos considerar como trabalho a atividade que é exercida de forma legal, com registro em carteira de trabalho ou de forma autônoma mas com as devidas proteções da seguridade social, é bem provável que essa proporção fique em torno de 2% do total de portadores de deficiência em idade de trabalhar do Brasil — 180 mil pessoas.

Em 1999, o SENAI — Serviço Nacional de Aprendizagem Industrial — realizou um estudo para se saber em que medida as empresas brasileiras adotam políticas específicas de contratação de pessoas com limitações. Dos resultados obtidos junto a uma amostra de 516 empresas, destacam-se os seguintes: (1) apenas 30% declararam considerar a questão dos portadores de deficiência dentro da política geral da empresa[21]; (2) dentre elas, cerca de 23% (7% do total) afirmaram possuir programas específicos de emprego ou convênios com associações representativas e de assistência.

Em suma, de um total de 337.580 empregados registrados naquelas empresas, 2.414 (0,7%) foram considerados como

---

(19) Esse dado deverá ser obtido pelo IBGE, depois de concluído o Censo de 2000, o que ainda não havia ocorrido ao término deste livro.

(20) Ribas apresenta uma síntese das estimativas existentes, baseadas nos mais diferentes critérios (*Ribas*, 1996). Algumas consideram como trabalho todo tipo de atividade. Outras se limitam às atividades realizadas no mercado de trabalho. Há ainda as que se restringem ao mercado formal. Pelos dados existentes, essas estimativas variam entre 1% e 17%.

(21) Acima dessa média, porém, localizaram-se os correios, as empresas de telecomunicações e as indústrias do setor de vestuário.

portadores de deficiência[22]. Por esse dado, o emprego formal atinge menos de 1% do emprego do setor industrial. Ademais, os poucos que entram no segmento formal têm dificuldade de nele permanecer por muito tempo. Acabam saindo prematuramente e demoram para voltar.

Quando se consideram os portadores de deficiência de todos os níveis de gravidade — leves, moderados e severos — na Europa e Japão, a proporção dos que estão em idade de trabalhar e que trabalham varia entre 30% e 45% (*Mashaw*, 1996; *Yelin* e *Cisternas*, 1996). Nos Estados Unidos, entre os portadores de limitações leves — superáveis com acomodações —, 57% trabalham. Entre os que têm limitações severas, a proporção é de quase 10% (*Bryan*, 1996)[23]. No caso de deficiências mentais, aquela proporção cai, mas nos casos de limitações leves fica em torno de 25% (*Milazzo-Sayre* e outros, 1997).

No Brasil o espaço de trabalho legal é muito limitado. Não deveria ser assim pois, afinal, apenas 2 milhões dos portadores de deficiência em idade de trabalhar possuem limitações mais severas, e de difícil solução através de acomodações de baixo custo. Cerca de 7 milhões possuem limitações que, com acomodações razoáveis do ambiente de trabalho, da arquite-

---

(22) Destes, 53% apresentaram limitação física; 33%, auditiva; 11%, visual; 2%, mental; e 1%, múltipla.

(23) Nos Estados Unidos, dentre os que trabalham de forma regular, 26%, mesmo com óculos, não conseguem enxergar as letras de um jornal; 58%, mesmo com auxílio auditivo, não conseguem seguir uma conversa normal; 31% têm dificuldade para caminhar três quadras; e 20% necessitam de ajuda para cuidar de seu dinheiro e suas contas (*McNeil*, 1993).

tura e do transporte, teriam condições de trabalhar de forma produtiva (*Chagas*, 1999). No entanto, a maior parte desse imenso universo, nas pesquisas domiciliares, se autoconsidera como fora do mercado de trabalho.

Mas se não deveria ser assim, por que é? Inúmeros fatores conspiram contra a inserção dos portadores de deficiência no mercado de trabalho — desde o preconceito e a má informação, até a falta de educação, ausência de qualificação e inexistência de estímulos para as empresas.

2. Educação, Tecnologia e Trabalho

No mundo inteiro, os portadores de deficiência sofrem restrições em termos educacionais, o que dificulta a sua inserção no mercado de trabalho. A proporção dos que se educam adequadamente é pequena. Mesmo em um país avançado como os Estados Unidos, e mesmo dentre os que possuem limitações leves, a proporção dos portadores que chegam ao segundo grau é bem menor do que a dos não-portadores. A relação é de 75% e 90%, respectivamente (*Bryan*, 1996).

No Brasil, o atendimento aos portadores de deficiência no campo da educação é reconhecidamente precário. Combinando várias fontes, o estudo do SENAI anteriormente referido estimou que apenas 3% dos portadores de deficiência têm escolarização adequada (SENAI, 1999). Os dados levantados pelo Censo Escolar de 2000 identificaram apenas 280 mil alunos cursando as escolas regulares do Brasil (Censo Escolar, 2000).

É claro que um quadro como esse compromete seriamente as chances de as pessoas ingressarem e permanecerem no mercado de trabalho. Nos dias atuais, a dificuldade de emprego e trabalho atinge a todos os trabalhadores de baixa qualificação. No caso dos portadores de deficiência, o problema é amplificado, devido à combinação de suas limitações com o descaso da sociedade e a generalizada inadequação da arquitetura, transporte e outros complicadores.

O ideal é que uma parcela expressiva dos portadores de deficiência cursasse escolas regulares, pois a inclusão com as demais crianças estimula as pessoas que têm limitações. A falta e formação dos docentes, porém, constitui um grande entrave para a expansão desse ensino. Professores mal preparados tendem a desenvolver uma reação inicial de pânico que é percebida pela criança, agravando a sua condição.

Se os portadores de deficiência não estão na escola regular, estariam eles nas escolas especiais? Os dados nesse campo são ainda mais dramáticos. Contando-se todas as escolas públicas e particulares (de educação especial), e todas as séries, há, no Brasil, pouco mais de 300 mil alunos portadores de deficiência nos seus bancos escolares — o que, é muito pouco. O mais grave, porém, é saber que apenas 3 mil estão no ensino médio (MEC, 2000).

No que tange à profissionalização, o quadro é igualmente preocupante. Em 1998, o Programa Nacional para Pessoas

Portadoras de Deficiência coordenado pelo Ministério do Trabalho e Emprego, como parte do PLANFOR, investiu cerca de R$ 4 milhões (US$ 3,3 milhões ao câmbio da época) para treinar apenas 21 mil portadores de deficiência em cursos de massagista, artesanato, marcenaria, auxiliar de cozinha, fotografia, estética, telemarketing, rádio-chamadas, informática para cegos, fabricação de cadeira de rodas, bengalas e outros equipamentos, minhocultura, olaria, panificação, jardinagem, reciclagem de papel, etc.

Um esforço de grande extensão foi realizado na preparação de mais de 500 professores e instrutores (e produção de material didático) em metodologias específicas para ensinar pessoas portadoras de deficiência (PLANFOR, 1999). Embora tenha sido um importante primeiro passo, os resultados daqueles investimentos ainda não foram avaliados. É difícil julgar a sua eficiência e eficácia.

Um esforço promissor vem sendo realizado por escolas do Sistema S. O SENAI e o SENAC já oferecem cursos profissionalizantes para portadores de deficiência.

As atividades começaram na base experimental em 1998-99, mas as avaliações realizadas indicaram a sua viabilidade e necessidade de expansão. Dos projetos pilotos aquelas entidades estão partindo para programas mais amplos. O SENAI vem implementando um Programa de Educação Profissional, através de dez escolas, que realizam experiências-piloto em cinco regiões do Brasil, com vistas a inserir os treinandos no mercado de trabalho do setor industrial e outros.[24]

Por se tratar de uma atividade relativamente nova, os resultados ainda são pouco expressivos diante de uma demanda tão grande por educação e qualificação do lado dos portadores de deficiência. Para o ano 2000 é bem provável que o número de treinandos nos vários cursos profissionalizantes dessas entidades não ultrapasse a casa dos 1.500.

A educação sozinha não é garantia de emprego. Mas ela ajuda as pessoas a se empregarem, a manterem-se empregadas e a mudarem de emprego. Na grande massa de desempregados da Região da Grande São Paulo, onde o desemprego ultrapassou a casa dos 20% no final da década de 1990, pela metodologia do DIEESE-SEADE, que leva em conta também a informalidade, havia apenas 3,5% de pessoas formadas em faculdades. Nessa mesma massa, quase 50% dos desempregados não tinham completado o primeiro grau.

Não há dúvida: o desemprego atinge muito mais os menos educados. Nos períodos de recessão e excesso de oferta de mão-de-obra, as empresas têm oportunidade de selecionar pessoas com mais qualificação. Nos períodos de retomada do crescimento, as mudanças tecnológicas passam a exigir mais competência. Nos dois casos, a boa educação é essencial.

---

(24) As atividades do SENAI podem ser examinadas em seus programas específicos (SENAI 2000a; 2000b; 2000c).

Os estudiosos da revolução tecnológica dizem que os seus reais efeitos só vão aparecer depois do ano 2010. Mas, muitas mudanças já aconteceram nos últimos 20 anos. As máquinas tornaram-se surpreendentemente inteligentes e baratas, passando a fazer o que antes só era feito pelos trabalhadores, transformando-se em seus concorrentes.

Aqui surge uma das mais acaloradas polêmicas dos dias atuais: afinal, as tecnologias empregam ou desempregam? A literatura registra respostas para todos os gostos — desde as que vêem a tecnologia como a grande vilã do emprego até as que a consideram como a saída para se criar trabalho.

O tema é extremamente controvertido. Dizer que tecnologia substitui trabalho é fácil. Provar que ela causa desemprego é difícil. Olhemos para a história.

A indústria dos Estados Unidos começou nas margens dos rios da Nova Inglaterra com base na energia e transporte hídricos. Com o surgimento da máquina a vapor e, mais tarde, a eletricidade, as empresas tornaram-se mais móveis. As ferrovias e as rodovias interiorizaram as indústrias, o que, por sua vez, alavancou a agricultura.

Nessa cadeia de mudanças, as novas tecnologias destruíram e criaram empregos. Entre 1909-19 os produtores de carruagem, por exemplo, caíram de 70 mil para 26 mil. Em contrapartida, os trabalhadores das indústrias automobilísticas passaram de 85 mil para 394 mil. Entre 1930-70, os profissionais da telegrafia passaram de 87 mil para 24 mil, enquanto a telefonia gerou 536 mil novos empregos.

O mundo atual está repleto de casos de tecnologias que criaram novos produtos, geraram novas demandas e oportunidades de trabalho. A televisão, o videocassete, o CD player, o tênis, a calça jeans, o McDonald's, o telefone celular, etc. são exemplos de inovações bem recebidas pelos consumidores e criadoras de empregos — diretos e indiretos.

A relação entre tecnologia e emprego é entremeada por fatores econômicos, institucionais e educacionais. A simples coincidência de avanços tecnológicos com aumento de desemprego não é suficiente para provar a sua causação.

As tecnologias voltadas para *processos* diminuem custos, o que, em ambientes competitivos, reduz preços e libera forças que geram trabalho. Em 1960, uma ligação telefônica de três minutos entre o Brasil e os Estados Unidos custava cerca de US$ 45.00 (em valores de 2000). No ano 2000, custavam US$ 3.50, e até menos. Isto determinou mudanças radicais no uso das telecomunicações que, por sua vez, passaram a movimentar novos negócios, facilitando transações, melhorando processos, criando produtos e gerando trabalho.

Naquele mesmo ano, a viagem aérea mais barata entre Londres e Nova York custava US$ 3,000.00 (em valores de 2000). No ano 2000, custava US$ 550.00. O barateamento do transporte aéreo ampliou as oportunidades de trabalho nas áreas do turismo e carga. As flores da Cooperativa da Holambra, em Jaguariúna (São Paulo), chegam aos consumidores de Nova York em menos de 24 horas. As frutas de Petrolina são vendidas na Europa dois dias depois de embarcadas em Pernambuco. As oportunidades de trabalho em Jaguariúna e Petrolina seriam menores sem os inúmeros avanços tecnológicos que permitiram o acesso ao comércio internacional.

As tecnologias podem ser negativas ou positivas para o emprego. Tudo depende do ambiente em que elas caem. Quando os seus benefícios são apropriados por poucos, o seu efeito é devastador. Quando os seus benefícios são apropriados por muitos, o seu impacto é criativo. Tecnologias em ambientes monopolistas dificultam o emprego. Em ambientes competitivos, facilitam.

Tecnologias que enfrentam leis trabalhistas e contratos coletivos rígidos mais destroem do que criam empregos. Todo o Primeiro Mundo usa intensamente as tecnologias. No entanto, a situação de emprego varia. Na Alemanha, onde a flexibilidade trabalhista é mínima, o desemprego, no início do ano 2000, era de 11%; na França, 10%; na Espanha, 15%.

Nos Estados Unidos, onde a flexibilidade é máxima, havia menos de 4% de desempregados; no Japão e nos Tigres Asiáticos, depois da grave turbulência financeira por que passaram nos anos de 1996-98, os desocupados ficavam em torno de 4%, em média.

Nos Estados Unidos, para cada 1% do crescimento do PIB há um crescimento de 0,5% no emprego. Na Europa, apenas 0,06%. A flexibilidade permite a prática de novas modalidades de trabalho (por projeto, subcontratado, em tempo parcial, teletrabalho, etc.), o que não ocorre nos sistemas rígidos — Brasil inclusive.

Historicamente, os dados mostram uma forte associação entre aumento de produtividade e aumento de emprego. Mesmo onde há destruição de postos de trabalho, esta é mais grave quando a produtividade é baixa. Entre 1990-95, a indústria brasileira destruiu 450 mil empregos. Os ramos de baixa produtividade (2% ao ano), como madeira, fumo, têxtil, vestuário, calçados, artefatos de tecidos, couros e peles, destruíram o dobro de empregos quando comparados com os ramos de alta produtividade (8% ao ano), como material elétrico, comunicações, plásticos, bebidas, mobiliário, material de transporte, produtos alimentícios.

Em suma, para se avaliar o efeito final das tecnologias, não basta examinar a destruição imediata de emprego nos locais em que entram. É preciso investigar os efeitos de deslocamento de mão-de-obra e criação de atividades e postos de trabalho em outros setores.

Uma boa educação facilita a readaptação da mão-de-obra às novas tecnologias e aos empregos. Uma educação precária dificulta.

No Brasil, a força de trabalho possui apenas 5 anos de má escola o que reduz a treinabilidade e a empregabilidade dos brasileiros. A CLT possui quase 1.000 artigos e, na prática, só uma forma de contratação: por prazo indeterminado e com 102% de encargos sociais — o que impede a prática das novas modalidades de trabalho (*Pastore*, 1998).

E por cima de tudo, na década de 1990, vivemos um tempo de investimentos anêmicos, que ficaram aquém de 18% do

PIB. Tudo isso conspirou contra o emprego — mas pouco tem a ver com tecnologia. Se o emprego está difícil com tecnologias, seria catastrófico sem elas. No mundo atual, não há a menor possibilidade das empresas competirem fora dos avanços tecnológicos.

O ambiente tecnológico demandante de mais qualificação atinge a vida dos portadores de deficiência. Com o avanço das inovações, as tarefas se modificam com grande rapidez e requerem, por parte dos trabalhadores, condições de aprendizagem e reciclagem. Os portadores de deficiência não estão fora dessas exigências.

As novas tecnologias demandam trabalhadores alertas, com uma boa dose de bom senso e capazes de transferir conhecimentos de uma área para outra e, sobretudo, qualificados. Essa é a tendência geral do mercado de trabalho. A demanda por qualificação é crescente. Mais do que isso, os profissionais do futuro terão de dominar uma grande gama de conhecimentos não só do seu ofício mas também de áreas correlatas. É a era da polivalência.

Compreende-se por que o mercado de trabalho está se tornando tão exigente. As empresas estão sendo pressionadas a adotar novas tecnologias e novas formas de trabalhar para poder vencer a feroz competição que emerge na economia globalizada. Para elas, é muito importante contar com trabalhadores que ajudam a resolver os seus problemas. Isso requer mais e melhor educação. Nunca a educação foi tão crucial para as pessoas conseguirem um emprego e, sobretudo, para permanecerem empregadas.

O tempo do apadrinhamento está no fim. Os empregadores deixaram de contratar afilhados com base nos pedidos de seus padrinhos. Isso é coisa do passado, quando as empresas podiam passar suas ineficiências para os preços que, por sua vez, eram pagos por consumidores, sem alternativa, pois estavam todos garroteados por uma economia fechada.

No setor privado, isso acabou. O velho "pistolão" morreu. Hoje, o mercado está se tornando cada vez mais competitivo. Vivemos num tempo em que não basta ter um diploma. *Aprender a conhecer* é importante, sem dúvida. Mas, *aprender a fazer* é muito mais importante. Para as oportunidades existentes, sai melhor quem sabe fazer.

E como conseguir essa competência? É preciso estudar e ter dentro de si o *vírus da curiosidade.* É preciso carregar consigo a obsessão pelo estudo. Ler o tempo todo. Manter-se informado. E entender que a vida é uma trajetória de aprendizagem contínua.

Um quadro como esse é especialmente difícil para quem, além de pouca educação, possui alguma limitação de ordem física, mental ou sensorial. A superação dessas dificuldades vai demorar algum tempo, e exigirá um grande esforço por parte de toda a sociedade, não só para educar melhor como também para assumir a sua responsabilidade social em relação aos portadores de deficiência.

Mas há fatos alentadores. A educação, quando aplicada às novas tecnologias, está elevando de maneira extraordinária a produtividade das pessoas. As novas tecnologias estão viabilizando certas atividades até então impensáveis pelos portadores de deficiência.

Esse é o caso da informática e das telecomunicações. Essas tecnologias estão permitindo aos portadores de deficiência um domínio de atividades até pouco tempo inexeqüíveis.

Não há a menor dúvida de que, com educação, as novas tecnologias vão descortinar um novo mundo para os portadores de deficiência e para a sociedade em geral que, aliás, terá uma boa surpresa com sua capacidade de trabalho.

As pesquisas têm mostrado que a informática e as telecomunicações, assim como as formas mais flexíveis de trabalhar, têm contribuído para expandir enormemente as oportunidades dos portadores de deficiência. Com base nelas e na melhoria da educação, eles têm tido mais acesso ao trabalho e mais condições para continuar trabalhando por vários anos (*Raulstone*, 1998).

A própria natureza do desenvolvimento tecnológico tem ajudado. As novas tecnologias viabilizaram a travessia entre o trabalho baseado na força física e o trabalho fundado na força das idéias. A redução das exigências motoras decorrente dessa travessia ampliou a potencialidade de trabalho para os portadores de deficiência, em especial, os que apresentam limitações físicas e sensoriais.

Até mesmo as atividades de estocagem, manipulação e transporte estão sendo realizadas a distância, com apoio da informática. Na verdade, os próprios ambientes de trabalho, outrora construídos para abrigar a força muscular e a movimentação de grandes máquinas, estão sendo redesenhados de modo a abrigar menos energia física e mais concentração mental. Costuma-se dizer que, para os não-portadores de deficiência, as novas tecnologias tornaram o trabalho mais fácil; para os portadores de deficiência, elas tornaram o trabalho possível.

As novas tecnologias prometem expandir ainda mais o trabalho dos portadores de deficiência, inclusive para os que têm limitações severas. Essas tecnologias estão trazendo o mundo do trabalho para mais próximo do mundo dos portadores de deficiência. É isso o que acontece quando eles se engajam em atividades do comércio eletrônico, editoração, propaganda, marketing, arquivos, controle de movimentos de mercadorias, etc. Internacionalmente, já estão à disposição dos portadores de deficiência inúmeros "sites" com ofertas diárias de trabalho nessas e em outras atividades[25].

Nos Estados Unidos, levando em conta que os portadores de deficiência convivem com familiares; amigos e colegas, estima-se que as novas tecnologias, de forma direta e indireta, atingem cerca de 100 milhões de pessoas. Elas vêm viabilizando o exercício de várias profissões existentes. Daqui para frente, deverão ajudar, também, no desenvolvimento de novas profissões. O papel pedagógico da informática e telecomunicações é expressivo.

---

(25) Ver, dentre eles, www.adaptz.com

A Internet descortinou um novo mundo para todos, em especial para os que têm dificuldade de se locomover ou se expressar. O enorme volume de informações hoje disponível aos portadores de deficiência está contribuindo de maneira decisiva para o avanço na qualificação daquelas pessoas, a ponto de muitas delas poderem abandonar a definição "deficientes" que carregaram ao longo da vida. Ou seja, o computador está reduzindo as limitações dos portadores de deficiência e ampliando as suas chances de trabalhar.

Alguns depoimentos são ilustrativos para mostrar a amplidão de oportunidades que está por chegar a uma grande parcela dos portadores de deficiência. Dentre eles, destacam-se os coletados por *Raulstone* (1998):

"O maior benefício do computador para mim é que, agora, sou capaz de realizar várias tarefas no mesmo local. Isto é particularmente visível quando combino, sem me mover, as atividades de escrever, calcular, remeter informações e receber respostas" (depoimento de um engenheiro de sistemas acometido de trauma na coluna).

"O computador, para mim, é muito menos cansativo do que a máquina de escrever porque esta exigia muitos movimentos, inclusive o de buscar o papel e arquivar o serviço feito em locais variados" (encarregada de compras, tetraplégica).

"O trabalho antes do computador tinha de ser realizado em várias folhas que eram espalhadas em várias mesas e sessões. Hoje, faço tudo no monitor do meu PC" (contador, que ficou limitado por causa de poliomielite).

Dizem os especialistas que os grandes avanços na informática para os portadores de deficiência ainda estão por vir, sendo que alguns já começam a mostrar a sua potencialidade:

> "Para mim que sou cego, o e-mail baseado na leitura da voz representou uma revolução. Com base nessa facilidade, passei a ter acesso a uma enormidade de relatórios, memorandos e ordens de serviços que me colocaram muito mais por dentro dos problemas dos meus clientes" (consultor de empresas cego).
>
> "O computador com leitura de voz permitiu-me voltar ao mesmo trabalho que destruiu as minhas mãos e coluna dorsal" (digitadora, com deformações, decorrente de LER).

Outros descobrem um mundo novo no momento em que passam a usar o avanço da leitura de voz nos computadores da atualidade:

> "Essa nova tecnologia está permitindo que as pessoas com as quais eu trabalho recebam mensagens que jamais pensaram que pudessem sair da minha cabeça" (engenheiro com paralisia cerebral).

O trabalho dos portadores de deficiência, como se vê, passa por uma grande revolução. Tudo indica que os profissionais qualificados poderão encontrar melhores condições de trabalho como subcontratados, teletrabalhadores, free-lancers, autônomos e até mesmo como empregados nas empresas que hoje resistem a sua contratação. As novas tecnologias surgem como uma grande promessa para os portadores de deficiência bem preparados.

3. A Flexibilidade do Trabalho

Uma outra mudança que pode trabalhar em favor dos portadores de deficiência é a tendência generalizada em direção à flexibilidade do trabalho. Nesse campo, vislumbram-se efeitos positivos e negativos. Analisemos a questão.

A mudança do emprego fixo para o trabalho intermitente é um fenômeno praticamente mundial. A redução do salário fixo e a expansão da remuneração variável é também universal. Essas novas modalidades de trabalho, que têm ajudado muitas pessoas a trabalhar mesmo sem ter emprego fixo, podem ajudar a inserção e a retenção dos portadores de deficiência no mercado de trabalho. O trabalho intermitente, por projeto, por tarefa, subcontratado, em tempo parcial, realizado a distância e de várias outras maneiras não é exclusivo de pessoas sem qualificação. Esse segmento de mercado vem sendo cada vez mais penetrado por pessoas qualificadas como são os analistas de informática, consultores, projetistas, desenhistas, tradutores, "personal trainers", professores de línguas, etc. (*Pastore*, 1996).

Os efeitos da flexibilização decorrem da tendência em reduzir o emprego fixo em determinada empresa e das incertezas que surgem do trabalho intermitente, casual ou por tarefa. No caso dos portadores de deficiência, essa apreensão também é válida. São pessoas que requerem um tempo ampliado para se ajustar às novas situações de trabalho. Esse tempo é necessário também para estabelecer uma socialização adequada com os companheiros de trabalho. O problema se torna grave quando, depois de meses de adaptação, elas são dispensadas e sujeitadas a recomeçar a mesma cruzada em outro emprego ou trabalho.

Os efeitos positivos da flexibilização, felizmente, parecem superar os negativos. Inúmeras novas formas de trabalhar reduzem a necessidade de locomoção das pessoas. Muitas delas permitem o trabalho em casa — o teletrabalho. Através do "telecommuting", portadores de deficiência podem trabalhar em locais diferentes — casa, hotel, centros de reabilitação, e até hospitais. Essas modalidades de trabalho toleram o caso de pessoas que se encontram apenas esporadicamente para planejar a nova tarefa e avaliar a que foi feita.

As mais recentes pesquisas mostram que as empresas modernas estão preferindo manter um pequeno núcleo de trabalhadores altamente qualificados e contratar os demais por projeto, por tarefa certa e *teletrabalho* (*Pastore*, 1996; 1998). Nos Estados Unidos o número de teletrabalhadores ultrapassou a casa dos 10 milhões. A Europa chegará a isso no ano 2000.

O teletrabalho consiste na atividade produtiva realizada a distância com base nos modernos meios de comunicação (fax, internet, correio eletrônico, teleconferência, etc.). O trabalho pode ser realizado no domicílio, em escritórios-satélites ou em carros móveis.

Três forças estimulam o teletrabalho. Em primeiro lugar, o alto custo de admitir e demitir, assim como os enormes tributos que incidem sobre o trabalho permanente. Em segundo lugar, o alto custo do pessoal auxiliar envolvido com o trabalho fixo. Em terceiro lugar o custo do espaço físico. Das 8.700 horas de disponibilidade anual, as empresas utilizam os escritórios urbanos apenas 2.000 horas — 23%. Trata-se de um grande desperdício que começa a ser eliminado da equação de custo das empresas.

Está prestes a chegar o tempo em que muitas empresas terão grande parte do seu trabalho realizado, continuamente, por trabalhadores de outro país. Até o ano 2005, a Irlanda, com seu altíssmo nível de educação e informatização, pretende se transformar na mais gigantesca base de prestação de serviços para todo o planeta.

Nenhum país poderá ficar fora do teletrabalho e do "telecommuting". Com base neles, prevê-se uma substancial elevação da produtividade das empresas e de remuneração dos trabalhadores. Além disso, essas modalidades de trabalho proporcionam independência e liberdade. Esse é um dos aspectos mais valorizados entre os teletrabalhadores atuais.

A expansão do teletrabalho e do "telecommuting" depende, é claro, de educação, equipamento e infra-estrutura. Mas depende também da legislação trabalhista. Muitas sociedades encontram dificuldades para legalizar a situação desses profissionais. É certo que eles não são mais empregados. Entretanto, é arriscado classificá-los de autônomos, pois muitos mantêm estreita subordinação em relação às empresas para as quais trabalham com regularidade.

No Brasil, a engessada CLT dá pouco espaço para acomodar essas novas formas de trabalhar. Por isso, a grande maioria dos teletrabalhadores está na informalidade. Trata-se de profissionais de boa educação, e remuneração acima da média, o que tem tornado o mercado informal mais heterogêneo. Os novos tempos pedem uma mudança da CLT para acomodar os teletrabalhadores e outras modalidades de trabalho.

O Brasil já conta com mais de 10% dos brasileiros (que trabalham nas zonas urbanas) exercendo o seu trabalho no próprio domicílio. Cerca de 50% dessas pessoas trabalham em atividades do comércio e serviços, fazendo reparação, serviços pessoais, domiciliares ou de lazer; 12% fazem trabalhos industriais (madeira, mobiliário, couro, perfumaria, vestuário, calçados e alimentação); 3% têm atividades ligadas à educação e saúde (creches, berçários, etc.); 3% fazem serviços técnicos (*Lavinas* e outros, 1998).

O trabalho em casa constitui uma alternativa importante para os portadores de deficiência, desde que participantes do mercado de trabalho, recebendo encomendas de distribuidores e de empresas diretamente, ou integrando ateliês e oficinas caseiras. Não se trata de institucionalização, mas sim de uma adaptação para quem não consegue trabalhar de outra forma e um ajuste à tendência dos novos tempos que vem sendo trilhada por vastas parcelas de trabalhadores.

4. Reabilitação para o Trabalho

No mundo inteiro, os sistemas de seguridade social assumem um papel importante no campo da reabilitação profissional. A reabilitação é a atenção que é prestada aos portadores de deficiência, em geral, após um acidente, enquanto a habilitação é o conjunto de atividades voltadas para quem traz uma limitação de nascença e ainda para os que precisam se qualificar para desempenhar determinadas funções no mundo do trabalho.

Infelizmente, a maioria dos programas se refere à reabilitação, dando prioridade a quem já esteve empregado, deixando de lado os portadores de deficiência que nunca trabalharam e que precisam se preparar para enfrentar o mercado de trabalho. Estes são atendidos como segunda prioridade.

Os problemas no campo da reabilitação no Brasil não são menores do que os da educação. A reabilitação profissional começou em 1943, no Serviço de Reeducação e Readaptação de Aposentados por Invalidez, nos antigos Institutos e Caixas de Aposentadoria.

Em 1960 todos os IAP's (Instituto de Aposentadoria e Pensões) foram reunidos no INPS, que manteve aquele Serviço, criando-se também os centros de reabilitação profissional subordinados ao Departamento Nacional de Previdência Social. Em 1963 foi criada a Comissão Permanente de Reabilitação Profissional da Previdência Social e a Superintendência dos Serviços de Reabilitação Profissional da Previdência Social.

A estrutura e a cobertura desses serviços são muito limitadas. São cerca de 30 centros de reabilitação para todo o País. As unidades menores e mais descentralizadas — os núcleos de reabilitação profissional — também são poucas.

No total, são menos de 2.500 profissionais (nem todos adequadamente treinados) para cuidar de todo o Brasil. Não é à toa que os resultados são pífios. Anualmente, mais de 100 mil portadores de deficiência solicitam ajuda, mas o atendimento mal ultrapassa a casa dos 50 mil. Segundo os especialistas, 90% das cidades brasileiras não possuem nenhum serviço de reabilitação e as que têm, em geral, são instituições filantrópicas de pouco profissionalismo, ou particulares e, nesse caso, caríssimas (*Figueiredo* e *Ribas*, 1987).

O Plano de Modernização da Reabilitação Profissional, implantado em 1996, tinha como meta aumentar em 200% as pessoas atendidas. Mas isso é ainda muito pouco quando se considera que, só em idade de trabalhar, o Brasil possui cerca de 9 milhões de portadores de deficiência. Mesmo que, por hipótese, apenas 20% necessite de reabilitação, os serviços atuais estão muito longe de poder prestar um atendimento adequado (*Schubert*, 1999).

É verdade que reabilitação é uma atividade complexa e que custa caro. Mas a manutenção do portadores de deficiência como afastados e recebendo ajuda da previdência social também é cara. Por isso, nos países mais avançados, um dos grandes objetivos dos sistemas de seguridade social é acelerar a volta ao trabalho, o que estimula as agências de reabilitação a investir adequadamente na recuperação dessas pessoas. Isso é importante para os portadores de deficiência e para as finanças da seguridade social. Serviços ineficientes retardam a volta ao trabalho e causam prejuízos para toda a sociedade.

Nos países desenvolvidos, a reabilitação raramente é realizada por uma só agência. Na verdade, as sociedades modernas organizam redes de instituições para ajudar a inserir os portadores de deficiência no mercado de trabalho e a mantê-los trabalhando. Essas redes combinam instituições públicas e privadas, e envolvem até mesmo as empresas na tarefa de reabilitar quem precisa.

É claro que, nos casos de deficiências mais severas, a reabilitação é demorada, e nem sempre bem-sucedida. Mas os novos equipamentos e as terapias modernas estão trazendo resultados positivos, chegando até mesmo a diminuir o número de portadores de deficiência e o período de afastamento no caso de reabilitação. Em lugar de gastar com benefícios a não-reabilitados, os países desenvolvidos preferem investir na reabilitação.

Mas reabilitação não faz milagres, é claro. Muitas das dificuldades de retorno ao trabalho são devidas às peculiaridades das próprias limitações dos portadores de deficiência. Várias delas fazem os seus portadores gastar muito tempo para manter o corpo e a mente em funcionamento adequado. Para essas pessoas, as deficiências de natureza física, sensorial e mental tornam a mobilização e desmobilização diárias muito demoradas, o que acaba se convertendo em uma barreira para assumirem trabalhos em tempo integral, que implicam grandes deslocamentos.

Do lado das empresas, poucas toleram estas restrições. Por isso, em muitas das redes de atendimento, as empresas são educadas a aumentar a sua compreensão sobre as reais necessidades dos portadores de deficiência, ajudando-os, também, na tarefa de reabilitação.

Em suma, a inserção ou reinserção dos portadores de deficiência no mercado de trabalho depende de um conjunto de programas e, sobretudo, de mecanismos de estímulo às empresas e aos órgãos públicos para que exerçam a parte da tarefa que lhes cabe nesse caso. O ponto de partida é reconhecer que a sociedade moderna tem de assumir a responsabilidade de prover os meios para aquelas pessoas terem uma vida digna, produtiva e de progresso individual.

Esse reconhecimento parte da premissa moral, segundo a qual, a deficiência não deve servir de base para praticar tratamentos diferenciados no mercado de trabalho. É inaceitável barrar uma pessoa pelo simples fato de ser ela portadora de deficiência. Toda vez que ela demonstrar ter a qualificação exigida e ter condições de realizar esse trabalho a contento, mediante pequenas acomodações, essa pessoa deve ser contratada. A recusa em contratá-la constitui ato de discriminação.

Mas, de tódas as atividades de apoio, a mais central, no momento, é a da educação. Ao restringir as oportunidade de escola para os portadores de deficiência, o Brasil limita o número de candidatos qualificados para o trabalho e amplia o cardápio de justificativas das empresas para rejeitar sem discriminar. Para um combate efetivo à discriminação, é essencial partir-se de candidatos qualificados. Só dessa forma é que o Brasil poderá dar vida ao que diz a Constituição Federal no seu artigo 3º:

> "Constituem objetivos fundamentais da República Federativa — IV: promover o bem-estar de todos, sem preconceitos de origem, raça, sexo, cor, idade e quaisquer outras formas de discriminação".

O Brasil já possui uma base constitucional e um conjunto de princípios legais que respeitam e asseguram aos portadores de deficiência uma vida digna. Resta passar dos princípios para a prática. Essa é a tarefa da sociedade atual.

Capítulo 4
As Organizações do Trabalho

No campo do trabalho, sete grupos são particularmente importantes para melhorar a vida dos portadores de deficiência e integrá-los no trabalho: (1) os empregados e seus representantes; (2) os empregadores e seus representantes; (3) as agências seguradoras (públicas e privadas); (4) os advogados e magistrados; (5) os profissionais da saúde; (6) as organizações de portadores de deficiência; (7) e os órgãos do governo (*Thomason* e outros, 1998). Mais importante do que todos eles, como veremos na Seção 8 deste capítulo, é a boa articulação dessas organizações.

1. Os Empregados e seus Representantes

No grupo dos empregados, há dois subgrupos importantes: os não-portadores de deficiência e os portadores de deficiência.

Os não-portadores de deficiência, embora se digam sensíveis aos problemas dos portadores são, na realidade, bastante ambivalentes em relação às suas necessidades. Muitos temem que o apoio à entrada de um portador de deficiência na empresa que trabalham possa significar, no médio prazo, o risco de sua dispensa.

No âmbito da atividade sindical, isso também ocorre, pois afinal os sindicatos têm de responder aos anseios de seus filiados e membros da categoria que representam. Tradicionalmente, a maioria dos dirigentes sindicais se preocupou, no máximo, com as condições de higiene e segurança dos locais de trabalho. Um número pequeno se empenhou na habilitação, reabilitação e acomodação dos portadores de deficiência no mercado de trabalho. O que explica essa ambivalência?

A apreensão dos não-portadores em perder seus empregos em favor dos portadores de deficiência é maior quando há sistemas de cotas que são cumpridos. Na medida em que as empresas vão ampliando a admissão de portadores de deficiência, isso vai aguçando a preocupação pois essa compulsoriedade de contratação não existente para os não-portadores de deficiência. Em certos casos, surge o sentimento de discriminação negativa: Por que há vaga garantida para um portador e não há nada desse tipo para um não-portador de deficiência?

Sentimentos desse tipo levam muitos trabalhadores a manter a sua retórica humanitária em favor dos portadores de deficiência, ao mesmo tempo que pressionam os sindicatos a atuar em temas mais gerais, de interesse dos não-portadores — garantia de emprego, critérios de dispensa, representação nos locais de trabalho, participação na gestão da empresa, etc.

O mais comum da parte dos sindicatos é uma ação ativa no sentido de evitar acidentes e, indiretamente, a proliferação de casos de deficiência[26]. No campo da prevenção, o trabalho dos sindicatos tem sido crescente, e de grande influência, envolvendo ações não só junto às empresas mas, sobretudo, junto aos poderes públicos. Essa é uma tendência mundial. Os dados mostram que a obediência às regras de prevenção é maior quando os trabalhadores estão agrupados em sindicatos ativos (*Schurman* e outros, 1998).

Mesmo nesse campo, os trabalhadores não são homogêneos. Há um conflito de interesses, por exemplo, entre jovens e idosos. Os primeiros estão mais dispostos a trocar segurança por benefícios pecuniários; os idosos recusam trocar saúde por dinheiro. Isso leva os sindicatos a desenvolver ações heterodoxas no campo da prevenção de acidentes e doenças do trabalho.

A comunidade dos trabalhadores portadores de deficiência, por seu turno, também é heterogênea, incluindo pessoas de interesses divergentes. Um dos grupos é composto de pessoas com limitações físicas, sensoriais e mentais adquiridos no início da vida, ou até mesmo antes de nascer. Um outro é composto de pessoas que se tornaram portadoras de deficiência no meio da carreira em decorrência de doenças ou acidentes que acabaram causando alterações ortopédicas, musculares ou cardiovasculares.

---

(26) O movimento sindical da Inglaterra constitui uma das poucas exceções. A TUC — Trade Unions Confederation participou ativamente da discussão da Lei dos Deficientes (Disability Discrimination Act) no parlamento inglês. Depois de aprovada, essa lei vem sendo explicada a todos os sindicatos, municiando-os para fazer um amplo trabalho na defesa dos trabalhadores que reclamam esse tipo de ação (TUC, 1999).

O primeiro grupo tende a sofrer uma discriminação mais forte no mercado de trabalho e, por isso, está mais interessado em melhorar o acesso à educação e ao emprego. O segundo preocupa-se mais diretamente com programas de reabilitação e acomodação no trabalho.

Em suma, os portadores de deficiência raramente contam com uma defesa forte, homogênea e contínua por parte dos sindicatos de trabalhadores. Em relação à massa de trabalhadores em geral, eles são em número reduzido; estão fora do mercado de trabalho; e não fazem parte dos quadros de filiados dos sindicatos ou de suas diretorias. Por isso, é muito raro ver os problemas dos portadores de deficiência ocupando um lugar de destaque na lista de prioridades dos sindicatos.

É verdade que, nos últimos dez anos, por força da ampliação da consciência social e do fortalecimento das ONGs que lidam com o tema, os Sindicatos estão modificando a sua postura, saindo de sua posição ambivalente e assumindo condutas mais ativas. Mas, é cedo para dizer que eles abraçaram a causa por inteiro, como fazem as entidades especificamente voltadas para os problemas dos portadores de deficiência.

2. Os Empregadores e seus Representantes

Os empregadores têm um papel importante no sistema de apoio aos portadores de deficiência. As oportunidades de trabalho por eles oferecidas afetam a própria condição da deficiência e a resolução dos seus problemas. Além disso, as políticas empresariais afetam o modo de indenizar e compensar os trabalhadores no caso de deficiência adquirida no trabalho.

A disseminação do senso de responsabilidade social tem levado muitas empresas a investir na prevenção da causas potenciais de acidentes e deficiências, e no aperfeiçoamento do trato humano dos atingidos. A pressão da comunidade e das várias entidades de portadores de deficiência está gerando nas empresas a necessidade de construir e manter uma boa imagem junto aos seus consumidores e à sociedade em geral.

Essa pressão cria um "custo de transação" que entra na equação econômica das empresas. Como as decisões dos empregadores se guiam, predominantemente, pelo cálculo econômico, as empresas só realizam atividades de prevenção de acidentes e doenças do trabalho e acomodação de portadores de deficiência quando os seus benefícios superam seus custos.

Os custos das empresas são afetados por vários fatores, inclusive, as políticas públicas, estado da regulação no campo da saúde e segurança e a ação dos portadores de deficiência.

Inúmeros custos são levados em conta antes das empresas se decidirem a prevenir acidentes e doenças do trabalho e acomodar portadores de deficiência. No que tange aos acidentes, os mais óbvios são os custos da destruição de equipamentos e materiais; a interrupção da produção; o retreinamento da mão-de-obra; a substituição de trabalhadores; o pagamento de horas-extras; a recuperação dos empregados; os salários pagos aos trabalhadores afastados; os prêmios de seguro; as despesas administrativas; os gastos com medicina e engenharia de reparação; etc. Os menos óbvios, mas igualmente importantes, são o embaraço de enfrentar ações judiciais, as despesas advocatícias, os gastos com as indenizações por danos morais e a perda de imagem da empresa no mercado em que atua. Estes custos costumam ser quatro vezes superiores ao custo do seguro de acidentes do trabalho. Ou seja, os custos indiretos superam, em muito, o custo direto relacionado ao pagamento do seguro.

As pesquisas mostram que os empregadores, de um modo geral, tendem a resistir ao ingresso e à manutenção dos portadores de deficiência no mercado de trabalho. Para inverter essa equação é muito importante atuar no campo dos custos e dos benefícios. Quando isso é feito, a incorporação dos portadores de deficiência é maior.

Há quatro padrões básicos na trajetória laboral dos portadores de deficiência. No primeiro padrão estão as histórias de sucesso, nas quais eles ingressam ou reingressam no mercado de trabalho e ficam nele até se aposentar, por idade ou por doença não relacionada com sua deficiência.

No segundo, estão os casos em que o ingresso ou reingresso no mercado se tornam fracassos repetitivos, pois os portadores de deficiência são forçados a abandonar o trabalho devido à sua deficiência.

No terceiro, os portadores de deficiência passam por sucessivos episódios de presença e ausência no mercado de trabalho, até encontrarem uma situação em que se acomodam até a aposentadoria.

No quarto padrão, os portadores de deficiência passam pelos mesmos episódios, mas terminam em fracasso, por não encontrarem uma acomodação adequada no mercado de trabalho.

Nos países desenvolvidos, onde a consciência e a pressão social pela acomodação são crescentes, dentre os que reingressam no mercado de trabalho, a maioria segue o terceiro padrão. Nos países menos desenvolvidos, prevalece o segundo padrão. Neles, a caminhada é bem mais longa, e o papel dos empresários terá de ser amadurecido até ao ponto de descobrirem as vantagens comparativas dos portadores de deficiência. Daí a necessidade de se atuar na equação de custos e benefícios.

Com raras exceções, os empregadores têm sido críticos das medidas legais que visam obrigar a admissão dos portadores de deficiência. As grandes empresas alegam haver falta de candidatos qualificados. As pequenas e médias argumentam que a obrigatoriedade legal as força a assumir despesas arquitetônicas e de equipamentos que elas não têm condições de assumir.

A falta de quadros qualificados é real em vários países. Mas a alegação de despesas excessivas não tem apoio na realidade. Nos Estados Unidos, por exemplo, as pesquisas mostram que em 30% dos casos, a acomodação de portadores de deficiência importa em despesas de US$ 500 ou menos; só em 8% dos casos, essas despesas ultrapassam a casa dos US$ 2,000 (*Lee* e *Thompson*, 1998, p. 169). As despesas maiores e que nem sempre são relatadas dizem respeito aos custos administrativos para preparar o ambiente de trabalho para receber portadores de deficiência, incluindo-se aqui a reorganização do meio social, o treinamento dos chefes e dos colegas de trabalho.

Os argumentos dos empresários, vindos de grandes, médias e pequenas empresas, não são aceitos pelos portadores de deficiência. Estes, na verdade, tendem a criticar as leis por não exigirem mais dos empregadores na promoção das mudanças necessárias para ajudá-los a se integrar e reintegrar no ambiente de trabalho. Queixam-se ainda porque as leis são vagas, deixando para os tribunais a decisão sobre o seu destino, arena em que as empresas têm mais sucesso do que os portadores de deficiência.

Mas, aqui também, o quadro está mudando. Na Europa, por exemplo, as confederações internacionais e as organizações nacionais de empregadores vêm se envolvendo de forma crescente no delineamento e implementação de políticas de apoio aos portadores de deficiência. No caso da Holanda, Suécia e Finlândia, esse envolvimento assumiu um caráter formal nos conselhos nacionais de administração de programas voltados para o trabalho de portadores de deficiência. A Organização Internacional dos Empregadores, igualmente, desenvolve políticas explícitas para o trato do problema, e mantêm representantes em vários conselhos nacionais que tratam do assunto.

A Agenda dos Empregadores no Fórum dos Portadores de Deficiência elaborada em 1992 foi adotada por 50 países, incluindo ações voltadas para igualdade de oportunidades; atividades de treinamento e reabilitação; políticas de recrutamento e adaptação dos locais de trabalho; programas de retenção e melhoria da produtividade; e monitoramento de todas as ações (*Momm*, 1998).

A globalização da economia e a ampliação da concorrência tornaram a busca de produtividade uma verdadeira obsessão dos empresários modernos. Ela é fundamental para garantir qualidade crescente e custo decrescente e, conseqüentemente, uma melhor posição no mundo da competição.

Dentre os vários ingredientes da melhoria da produtividade, a educação dos trabalhadores é essencial. Nos países mais desenvolvidos, com o acesso crescente à escola e aos programas de reabilitação e qualificação, os portadores de deficiência estão elevando a sua empregabilidade e competindo melhor no mercado de trabalho. Isso tem provocado a emergência de atitudes mais favoráveis entre os empresários (*Ooms*, 1997).

No Brasil, entidades ligadas à indústria e comércio (SENAI e SENAC) estão se conscientizando a respeito da necessidade de qualificar portadores de deficiência e promover junto às empresas o exercício de sua responsabilidade social, admitindo-os e retendo-os nos seus quadros (SENAI, 2000a; 2000b).

No setor privado, várias empresas de prestação de serviços e colocação de mão-de-obra vêm abrindo departamentos especializados no recrutamento e colocação de portadores de deficiência no mercado de trabalho. Dada a precariedade de qualificação ainda reinante, algumas vêm desenvolvendo programas de treinamento especializados para facilitar a inserção e retenção daquelas pessoas nas empresas (*Gelre*, 2000).

Como foi mencionado no capítulo anterior, os portadores de deficiência têm se beneficiado de forma expressiva dos avanços das tecnologias da informática e telecomunicações ocorridos nos últimos 20 anos. O computador tem ampliado as suas oportunidades de trabalho.

As inovações no campo dos equipamentos também têm permitido elevar a produtividade de pessoas que têm problemas de locomoção, visão, audição e outras limitações. Inúmeras pesquisas vêm constatando a expansão do emprego e do trabalho para os portadores de deficiência que se apropriam dessas inovações (*Krueger*, 1997).

Nos países desenvolvidos, as políticas de apoio recomendam investimentos rápidos e pesados no treinamento dos portadores de deficiência jovens, especialmente os que têm pela frente a perspectiva de ficar o resto da vida como portadores de deficiência. Para esses jovens, o treinamento em novas tecnologias é mais viável, e proporciona chances bem melhores para a sua colocação no mercado de trabalho (*Oi*, 1996). Nesse campo, os empregadores vêm adotando condutas pró-ativas. Eles mesmos, através dos profissionais de recursos humanos, estão procurando se inteirar das tecnologias que facilitam a acomodação dos portadores de deficiência no trabalho e que elevem a sua produtividade. Esta é uma recomendação que vale para os empregadores brasileiros e que será mais bem explorada no Capítulo 8.

3. As Agências Seguradoras

A deficiência para o trabalho está se tornando um item de despesa bastante pesado nas sociedades modernas. Em 1998, os Estados Unidos gastaram cerca de US$ 60 bilhões com benefícios previdenciários: US$ 22 bilhões destinados às pessoas portadoras de limitações físicas; US$ 11 bilhões para os cegos; US$ 27 bilhões para outros tipos de deficiências. Além disso, gastaram US$ 19 bilhões em despesas médicas com portadores de deficiência (*Baldwin* e *Johnson*, 1998).

Por isso, as agências seguradoras, públicas e privadas, são as maiores interessadas em reduzir essas despesas, repassando-as às empresas, de forma indireta, estimulando-as a admitir e reter portadores de deficiência no trabalho.

As seguradoras desempenham um papel importante nas decisões empresariais voltadas para a prevenção de acidentes e doenças do trabalho, assim como para a acomodação dos portadores de deficiência no mercado de trabalho. O atrelamento do prêmio ao nível de risco constitui um componente de custo no cálculo empresarial.

As seguradoras são os intermediários entre os empregados e seus empregadores. Neste campo, o interesse do movimento sindical é alto e convergente com as seguradoras. Os dirigentes sindicais procuram assegurar a melhor condição possível para proteger a saúde dos seus filiados. Do seu lado, igualmente, as seguradoras buscam minimizar despesas, e repassá-las, o mais possível, para as empresas.

Neste jogo de forças há uma redistribuição de custos e benefícios. Seguradoras e sindicatos visam segurar a vida das pessoas e garantir a sua integridade. Ambos forçam as empresas a fazer uma boa acomodação no ambiente de trabalho e arcar com uma eventual indenização no caso de inadimplência. Como estas não querem perder dinheiro, manipulando o custo do seguro e aumentando a pressão sindical, o que não compensava fazer, sob tais condições, passa a ser compensador para as empresas.

Para as seguradoras a ação das empresas é extremamente importante. São as seguradoras que arcam com grande parte dos custos da reabilitação e acomodação dos portadores de deficiência ao cobrirem, total ou parcialmente, as despesas de fisioterapia, fonoaudiologia, psicologia, terapia ocupacional e também dos equipamentos para locomoção e nivelamento de desvantagens sensoriais para reajustar os portadores de deficiência no trabalho. Para elas é fundamental evitar estas despesas ou repassá-las para as empresas.

Cresce hoje em dia o conhecido debate a respeito dos sistemas de seguros. Nos países desenvolvidos, o custo direto com o seguro de acidentes do trabalho, inclusive o seguro de pessoas que se tornam portadores de deficiência no trabalho, fica entre 3% e 4%, sendo que os custos indiretos para as empresas variam entre 100% e 500% do custo direto (*Cicco*, 1984). O desejo de todas as partes envolvidas, evidentemente, é o de reduzir esses custos. Como fazer isso?

Várias pesquisas têm constatado que a insistência em sistemas exclusivamente públicos, separados ou incluídos na seguridade social, está levando muitos países a desperdícios colossais (*Mashaw*, 1997). Por isso, observa-se uma tendência crescente para se passar de um sistema público para um sistema misto (público e privado) no campo da saúde e segurança, inclusive do seguro que pode cobrir os gastos com os portadores de deficiência. A estratégia básica é de premiar (com custos mais baixos na compra da apólice de seguro) as empresas que previnem acidentes e incorporam portadores de deficiência no trabalho e punir (com custos mais altos) os que decidem trilhar outro caminho.

A tendência de combinar seguros públicos com seguros privados em sistemas integrados deverá dominar a próxima década. Nos Estados Unidos, dentre as empresas com mais de 250 empregados, cerca de 45% possuem algum tipo de seguro privado de acidentes, que inclui provisões para a deficiência, como parte da política de concessão das empresas ou como objeto de negociação e contrato coletivo.

Mas o sucesso dessa estratégia depende muito do estado da regulação no campo do acidente e da deficiência. Nos Estados Unidos, por exemplo, as seguradoras estão se tornando cada vez mais exigentes para vender apólices com custos variáveis (premiações e punição). A razão principal está no grande número de conflitos que passou a dominar o cenário trabalhista dos Estados Unidos depois da aprovação da Lei dos Portadores de Deficiência (ADA), em 1990. Ou seja, leis inflexíveis acabam inibindo os mecanismos baseados na dinâmica do mercado e na solidariedade que sempre orientaram a indústria de seguros em praticamente todas as áreas. O resultado final é que o excesso de regulação redunda no excesso de conflito e no encarecimento do custo da segurança.

4. Os Advogados e os Magistrados

Os sistemas de seguro são desenhados de modo a atender aos beneficiários e evitar dores de cabeça para as empresas na área judicial. Mas nem sempre é assim. É preciso considerar que ao lado do mercado de seguros há também um mercado de conflitos. E, nesse contexto, os advogados e os magistrados passam a desempenhar um papel importante na defesa dos direitos dos portadores de deficiência.

Muitos portadores de deficiência que se acham injustiçados, porém, têm sido alvos de advogados que buscam aumentar sua carteira de clientes. No procedimento judicial, as despesas começam logo no início do processo. O primeiro estágio exige serviços de médicos e outros profissionais da saúde. Quando a avaliação cai fora dos critérios objetivos, a constatação da deficiência passa a depender de peritagem e de uma série de outros procedimentos complexos: análise da vida pregressa, condição de educação, problemas familiares e demais características do reclamante.

Isso tem levado as disputas a se tornarem muito onerosas. Nos custos das disputas entram gastos com a administração dos casos e despesas com eventual discordância de sentença (ou erro judicial), o que dá ensejo a recursos a tribunais superiores e, portanto, mais despesas.

Com o passar do tempo, as empresas e as seguradoras vão adquirindo um certo "know-how" em disputas judiciais, minimizando os seus custos. Como os reclamantes, de um modo geral, são avessos ao risco, a avaliação antecipada das suas despesas os leva a acordos prematuros, nem sempre compensadores. As grandes empresas, juntamente com as seguradoras, estão mais bem aparelhadas para enfrentar essa situação, o que coloca os reclamantes, de um modo geral, em condição desvantajosa.

Nem sempre os advogados têm os mesmos interesses dos reclamantes. Teoricamente, eles estariam dispostos a pedir a maior indenização possível para, dela, derivar seus honorários proporcionais. Na prática, porém, eles estimam o montante de maior chance para vencer o caso no mais breve tempo possível e induzem os reclamantes a fazer acordos por eles repudiados no início da ação. Os reclamantes têm pouca saída. Afinal, eles dependem dos advogados para receber informações, para navegar nos procedimentos judiciais e para negociar no momento oportuno.

Os países que decidiram enfatizar o caminho legal acabaram transferindo os mecanismos de acomodação dos portadores de deficiência, do mercado de trabalho para os tribunais de justiça, perdendo velocidade e aumentando custos para as empresas, para os próprios portadores de deficiência e para o Estado. Os tribunais são forçados a admitir mais juízes e pessoal auxiliar, o que redunda em gastos sociais adicionais para o erário público.

Hoje em dia, as empresas são bastante sofisticadas no trato dos problemas dos portadores de deficiência no campo jurídico. Nos Estados Unidos e na Europa há inúmeros escritórios de advocacia especializados nessas questões. Vários casos têm sido levados até às cortes superiores, dada a complexidade dos mesmos e a grandiosidade das indenizações envolvidas[27]. Só em 1999, a Suprema Corte dos Estados Unidos decidiu três casos para limitar a amplitude da definição de deficiência usada no ADA. Aquele tribunal sentenciou que "nenhuma pessoa pode ser considerada deficiente quando medidas corretivas minimizam a sua limitação, como é o caso, por exemplo, da miopia que é compensada por óculos, ou da hipertensão que é corrigida por medicamentos. Tampouco as

(27) Um incêndio num Chevrolet Malibu levou o Tribunal da Califórnia a condenar a General Motors a pagar uma indenização de US$ 4,9 bilhões para cobrir os danos decorrentes de queimaduras dos três passageiros que viajavam naquele veículo em 1993 (*Economist*, 1999).

pessoas podem se considerar portadoras de deficiência pelo simples fato de o empregador estabelecer padrões para visão, altura ou pressão arterial"[28]. Foi uma decisão inédita e que implantou muito mais rigor na caracterização das deficiências para o trabalho.

A complexidade e os custos das ações judiciais não significam que as leis anti-discriminação devem ser abolidas nas sociedades modernas. Ao contrário, elas têm de ser mantidas e, sempre que possível, para serem eficientes, devem ser associadas a mecanismos de mercado, através de sistemas de contribuições, incentivos, deduções, subsídios e premiações a quem se comporta de forma humana e racional.

Nos Estados Unidos, há estados (por exemplo, Minnesota), que estabelecem o valor máximo de US$ 50 para os gastos da empresa com acomodação dos portadores de deficiência no ambiente de trabalho. Há outros que fixam em US$ 500 (Virginia). Há ainda os que fixam em 5% do salário anual do trabalhador a ser contratado (Carolina do Norte). O restante é completado por fundos públicos destinados a apoiar as atividades de adaptação, formação profissional e reabilitação de portadores de deficiência (*Lee* e *Thompson*, 1998).

Em outras palavras, os sistemas que se baseiam em mecanismos de mercado aceitam o mundo do jeito que ele é.

---

(28) Os modernos escritórios de advocacia se dedicam não só ao contencioso, mas, sobretudo, à prevenção de ações no campo da deficiência. Muitos deles investem bastante no treinamento dos administradores a fim de evitar erros jurídicos e complicações econômicas para as empresas (ver *Fair Measures*, 1999).

A filosofia básica desses sistemas é a de criar condições para os agentes econômicos reagirem na direção desejada. No caso dos portadores de deficiência, essas condições nada mais são dos que estímulos genuínos para os empregadores contratá-los de modo e prazeroso. Isso depende da conjugação de vários tipos de ação dentro dos quais o mandamento legal é apenas um deles (*Krueger*, 1997).

5. Os Profissionais da Saúde

A imagem do portador de deficiência sentado em cadeira de rodas não representa mais o caso típico na sociedade atual. A grande maioria dos portadores de deficiência para o trabalho é composta de pessoas cuja limitação decorreu de doenças degenerativas, como problemas de coluna, artrites e artroses, lesões causadas por trabalho repetitivo e afecções cardiovasculares (*Elwan*, 1999). Nos países desenvolvidos, os problemas de coluna representam 24% das doenças profissionais e 30% dos dispêndios das agências seguradoras.

A maioria dos portadores de deficiência para o trabalho não a tem de nascença. Nas nações avançadas, mesmo as pessoas de renda mais baixa têm acesso à escola. Sendo mais educados, os portadores de deficiência passam a sofrer menos discriminação e ter mais chance de trabalhar.

Nos países em desenvolvimento, a parcela dos que trazem do útero materno limitações físicas, sensoriais e mentais é mais elevada. Uma grande parte dos problemas decorrem de má nutrição, falta de assistência pré-natal e infecções contraídas nos primeiros dias de vida. Isso, somado à pobreza, se torna mais uma barreira para a escolarização da pessoa atingida. Esse quadro de efeitos conjugados faz aumentar a discriminação e diminui as chances de trabalho — além de aumentar a pressão na área médica para uma assistência permanente.

Em termos de encaminhamento e acomodação no mercado de trabalho, os profissionais da saúde passaram a ter um papel crucial nos últimos tempos. Os médicos, por exemplo, têm a importante responsabilidade de determinar quem é, e quem não é deficiente, o que serve de base para conceder benefícios e o direito a tratamentos e reintegração no trabalho. São eles que têm de fazer a difícil distinção entre deficiência, incapacidade ou invalidez.

A incapacidade é um dano psicológico, fisiológico ou anatômico (temporário ou permanente), ou uma anormalidade de estrutura ou função, como é o caso do olho lesado, da atrofia do braço, ou da falta de uma parte do corpo. A incapacidade pode ou não causar uma limitação para o trabalho. A deficiência para o trabalho ocorre quando há restrição na execução de certas atividades no ambiente de trabalho.

Mas os limites entre essas categorias nem sempre são bem demarcados. Muitos portadores de deficiência para o trabalho podem ter um desempenho igual ou melhor do que o de um não-portador, quando alocados em condições adequadas e em atividades compatíveis com a sua limitação. Ademais, a produtividade dessas pessoas depende do capital humano que carregam consigo, em especial, a educação e a experiência profissional[29]. Ou seja, a distinção entre incapacidade e deficiência para o trabalho envolve várias nuanças e, em muitos casos, entra no terreno da subjetividade — o que torna crítico o parecer do médico, psicólogo e outros profissionais da saúde.

Há casos complexos, nos quais a pessoa entra ou sai da categoria de deficiente dependendo do tratamento seguido, ou da barreira que é mantida ou removida. Por exemplo, uma pessoa epiléptica (doença) e que tenha convulsões que colocam em risco a sua saúde e os equipamentos da empresa pode ter tais alterações controladas por meio de medicamentos e gozar de vida normal, inclusive no trabalho. Quando esse controle não é feito, e os riscos apontados são evidentes, essa pessoa se torna portadora de deficiência para o trabalho. Quando o controle é feito, a doença permanece mas a limitação para o trabalho desaparece. Não há por que rotular essa pessoa de deficiente.

Mas como muitos empregadores recusam-se a empregar ou reempregar um portador de epilepsia, mesmo sob tratamento, essa discriminação acaba colocando uma pessoa doente (epiléptico) na condição de deficiente. Nos países onde há

(29) O problema da produtividade dos portadores de deficiência está longe de ser uma questão pacificada na teoria econômica. Os advogados da boa produtividade dos portadores de deficiência defendem que o seu capital humano pode torná-los muito produtivos quando trabalhando em condições adequadas, não havendo razão para discriminá-los. Os críticos da produtividade argumentam que os custos de acomodação afetam a produtividade, razão pela qual não se pode falar em discriminação econômica quando o custo unitário do trabalho é tão diferente. Nos Estados Unidos e em outros países que possuem legislação trabalhista mais flexível é possível pagar menos para quem tem menos produtividade e vice-versa (*Copus*, 2000).

leis antidiscriminação (por exemplo, Estados Unidos e Inglaterra) a conduta daqueles empregadores pode gerar uma grave disputa judicial envolvendo, certamente, a participação do médico.

Tradicionalmente, a acomodação dos portadores de deficiência no trabalho era realizada buscando-se ajustar as pessoas ao ambiente através de vários equipamentos prescritos e monitorados pelos profissionais da saúde. Modernamente, a acomodação é feita mudando-se o ambiente de trabalho para que este se ajuste às condições dos portadores de deficiência o que envolve, além dos profissionais da saúde, engenheiros, arquitetos e outros técnicos. As antigas equipes médicas estão se tornando cada vez mais interdisciplinares.

6. As Organizações de e para Portadores de Deficiência

As pessoas que requerem cuidados especiais são geralmente representadas por entidades de e para portadores de deficiência. As primeiras são criadas pelos próprios portadores de deficiência. As segundas, por profissionais especializados no atendimento dos portadores de deficiência.

As atividades das entidades de portadores de deficiência promovem campanhas educativas; formulam medidas legislativas; acompanham decisões judiciais. As entidades para portadores de deficiência ajudam a promover a recuperação física, funcional e social, qualificar e reabilitar os portadores de deficiência.

Essa distinção tem mais caráter didático do que prático. Na realidade, muitas entidades acabam realizando um pouco de cada função, dentre as anteriormente indicadas. Elas atuam de forma individual ou articulada, ou ainda, através de redes.

Na Europa, Estados Unidos, Japão e Austrália, assim como em vários países em desenvolvimento, Brasil inclusive, as entidades de e para portadores de deficiência não só se expandem numericamente, como ganham uma importância crescente nos pleitos junto aos poderes públicos.

Por conhecer melhor os problemas dos portadores de deficiência, elas disseminam informações úteis sobre suas limitações e potencialidades, criando, na maioria dos casos, um ambiente social mais favorável para a sua aceitação e integração no mercado de trabalho. Com isso, tais organizações colaboram para elevar o nível de compromisso da sociedade em relação à vida dos portadores de deficiência.

O trabalho das entidades de e para portadores de deficiência está se articulando, cada vez mais, com os técnicos e profissionais da área e, muitas vezes, com pessoas do mundo acadêmico e outras organizações que acompanham os aspectos factuais das alterações físicas, sensorias e mentais, o desenvolvimento das tecnologias e dos equipamentos especializados, a evolução dos direitos civis e as oportunidades de relacionamento social entre os portadores de deficiência no mundo inteiro.[30]

---

(30) Para exemplificar esse tipo de articulação basta citar as inúmeras redes de informação já instaladas no âmbito da Internet, focalizando, especificamente, a questão dos direitos dos portadores de deficiência e o que ocorre nos vários países nesse campo. Dentre elas, têm especial destaque a Internet Law Library (http://law.house.gov), o European Disability Forum na Europa (http://

As reivindicações das organizações de portadores de deficiência são geralmente apoiadas por farta documentação, dando ênfase à responsabilidade dos vários grupos sociais, e à colaboração positiva que a maioria dos portadores de deficiência pode prestar às empresas, aos governos e à sociedade, desde que amparados por um mínimo de acomodação.

No Brasil, também, essas entidades começam a se organizar na forma individual e de redes. São dezenas de organizações que operam nesse campo. O Centro de Documentação e Informação do Portador de Deficiência (criado em 1990) é um exemplo das várias entidades de portadores de deficiência que se dedicam à coleta, organização e divulgação de informações sobre legislação, campanhas, eliminação de barreiras arquitetônicas, transporte, comunicação e participação social. Muitas entidades desse tipo estão construindo bancos de dados de grande interesse para o tema e se conectando com inúmeras outras organizações no Brasil e no mundo[(31)].

As organizações brasileiras para portadores de deficiência que se dedicam ao trabalho de reabilitação e promoção também são numerosas. Pela sua atividade constante, têm especial destaque a Associação de Pais e Amigos dos Excepcio-

---

www.edf.unicall), o Disability Net na Inglaterra (http://www.disabilitynet.co.uk), o Australasian Legal Information na Austrália e Nova Zelândia (http://www.austlii.edu.au) e a Defnet no Brasil (http://www.defnet.org.br).

(31) O Centro de Documentação e Informação do Portador de Deficiência (CEDIPOD) tem sede à Rua Guarará, 538, ap. 122 (São Paulo, SP), sendo que seus materiais e "links" institucionais podem ser acessados através da Internet no endereço: www.mbonline.com.br/cedipod. Ver ainda www.entreamigos.com.br

nais (APAE), fundada nos anos 40 e articulada, atualmente, com a Federação Nacional das APAES. Um outro exemplo é da Associação de Assistência à Criança Defeituosa (AACD), que, nos dias atuais, mantém uma rede de unidades que prestam serviços em vários estados do Brasil. E finalmente, com destaque pelo trabalho que realiza na área da deficiência mental, os institutos integrantes da rede da Sociedade Pestalozzi.

Dentre as várias entidades (de e para) que atuam nesse campo, merecem destaque ainda a Associação Brasileira de Esclerose Múltipla, Associação Brasileira de Osteogênesis, Associação Brasileira dos Portadores da Síndrome da Talidomida, Associação Brasileira de Assistência ao Deficiente Visual (LARAMARA), Associação Brasileira de Epilepsia, Fundação Dorina Nowill para Cegos, Fundação Síndrome de Down, Federação Nacional dos Pais e Amigos dos Excepcionais[32].

Ultimamente, essas organizações vêm despertando o interesse de vários outros grupos, desde médicos, sociólogos e advogados, até sindicalistas, jornalistas e políticos. Em alguns casos, a influência desses grupos acaba sendo dominante. Por isso, não é raro ver algumas organizações desenvolvendo campanhas em busca de objetivos diferentes dos interesses da sua clientela. Por exemplo, os políticos, por terem força decisória nos pleitos dos portadores de deficiência junto às casas legislativas, costumam envolver essas organizações de

(32) Uma lista extensa das organizações que operam no Brasil pode ser encontrada no endereço eletrônico: http://www.mbonline.com.br.

movimentos sociais que se transformaram em respaldo de campanhas eleitorais de interesse nitidamente partidário.

Aliás, os próprios dirigentes das organizações de portadores de deficiência, muitas vezes, acabam se misturando com atividades políticas para desenvolver as ações de *lobby* junto ao Poder Legislativo na busca de leis protetoras e mecanismos contenciosos mais seguros. Nessa condição, eles se engajam com a política partidária, e, não raro, são impulsionados a disputar cargos eletivos para, uma vez eleitos, terem chance de sucesso na defesa dos interesses de vários grupos de portadores de deficiência — nem sempre convergentes.

7. Os Órgãos do Governo

Antes da Revolução Industrial, os problemas dos portadores de deficiência eram de responsabilidade da família, da Igreja e da comunidade. Ao longo do século XX, cresceu a responsabilidade do Estado e das empresas. Inúmeras leis foram aprovadas (em todo o mundo), atribuindo aos governos e aos empregadores a obrigatoriedade de apoiar, encaminhar, colocar e reter os portadores de deficiência no mercado de trabalho.

Como resultante dessa nova postura, o governo implementa leis e organiza agências em vários campos (garantia de direitos, normas regulamentadoras, seguros compensatórios, sistemas de indenização, etc.) e rateia as responsabilidades e despesas com toda a sociedade, em especial, com as empresas, que ficam com a tarefa de inserir os portadores de deficiência no trabalho.

Como vimos, os gastos do poder público variam muito de país para país e de acordo com a filosofia predominante em cada um deles. Os recursos públicos alocados para o apoio aos portadores de deficiência nos países desenvolvidos são bastante expressivos. Nos Estados Unidos, por exemplo, os gastos públicos nesse campo chegam a 0,75% do PIB; na Alemanha, 2,2%; na Suécia, 4,1%; e na Holanda, 5,2%.

São cifras gigantescas. Nos Estados Unidos, que tinham um PIB de US$ 8 trilhões em 1999, só os gastos previdenciários com esses programas ultrapassaram a casa dos US$ 60 bilhões.

Em todos os países, a maior parte dos gastos envolve despesas com transferências na forma de auxílios aos portadores de deficiência e estímulos às empresas que os empregam. No caso dos Estados Unidos e Alemanha, cerca de 90% vão para essa finalidade; na Holanda, 87%; e na Suécia, 68%. Onde esse percentual é menor, os gastos com reabilitação são maiores. De um modo geral, os países da Europa são mais agressivos do que os Estados Unidos no campo da reabilitação.

Em todos esses países, os gastos públicos aumentaram de forma expressiva ao longo da década de 1990. Na verdade, as leis de proteção e proibição dos portadores de deficiência surgiram, quase todas, naquela época. Aquele foi também o tempo em que se expandiam os programas compreensivos, e montados com base em um conjunto de atividades em que a reabilitação e a estimulação às empresas passaram a ter um papel central. Ao mesmo tempo, as agências governamentais passaram a desempenhar um importante papel junto ao Poder Legislativo no sentido de criar e atualizar leis que buscavam uma defesa crescente dos direitos dos portadores de deficiência e garantias contra a sua discriminação.

Atualmente, inúmeros governos dos países desenvolvidos estabelecem sistemas de incentivos para os empregadores contratarem e acomodarem portadores de deficiência (ver Capítulo 5), o que é feito através de bônus, deduções tributárias, reabilitação profissional e sistemas de cotas (*Thomason* e outros, 1998).

Os sistemas de incentivos que dão melhores resultados são os que levam as empresas a usar conscientemente as habilidades dos portadores de deficiência. Ou seja, os que se baseiam na "ability" e não na "disability"[(33)].

No Brasil, o universo dos portadores de deficiência recebe a atenção de vários órgãos de governo. No nível federal, a tarefa para traçar a macropolítica e acompanhamento dos programas ficou a cargo do Conselho Nacional dos Direitos da Pessoa Portadora de Deficiência (CONADE). Cabe a esse órgão, dentre outras coisas, aprovar o plano de ação anual da Coordenadoria Nacional para Integração da Pessoa Portadora de Deficiência (CORDE), que constitui o braço mais opera-

---

(33) A dicotomia do "ability" vs. "disability" vem sendo traduzida no Brasil em termos de "eficiente" vs. "deficiente" e, aos poucos, começa a despertar o interesse das empresas que, em última análise, são quem detém a grande maioria das oportunidades de emprego para os portadores de deficiência (ver Revista da CNI, abril de 2000).

cional. Essa Coordenadoria tem seus desdobramentos, articulando-se com órgãos paritários, que atuam nos níveis estadual e municipal.

A legislação federal, ademais, atribui uma série de responsabilidades a vários órgãos públicos nos campos da educação, saúde, cultura, lazer, turismo, ajudas técnicas, habilitação e reabilitação profissionais. Ao lado dos órgãos federais, outros institutos legislativos atribuem a órgãos estaduais e municipais uma série de tarefas nos campos acima indicados.

Observa-se, porém, um grande contraste entre o grande número de órgãos governamentais e o pequeno número de portadores de deficiência que hoje exercem atividades produtivas no mercado de trabalho. Várias leis, decretos, portarias e órgãos de governo têm pouco a ver com a eficiência dos respectivos mecanismos na tarefa de inserir os portadores de deficiência em trabalhos produtivos. No setor público, as ações de governo estão a exigir muito mais qualidade de ação do que quantidade de órgãos.

8. A Articulação das Organizações

Na literatura especializada há uma ênfase crescente no papel da legislação na promoção do trabalho dos portadores de deficiência. Entretanto, a avaliação dos diferentes sistemas de regulação mostra resultados bastante diferentes, quando se leva em conta ou quando se ignora o papel dos estímulos econômicos na resolução do problema. Em outras palavras, os resultados diferem bastante quando as medidas legais são implementadas de forma isolada ou combinadas com educação, qualificação e estimulação econômica.

A importância da integração de mecanismos de apoio vem sendo captada por inúmeros órgãos de governo dos países mais avançados e incorporados em políticas mais compreensivas. Por exemplo, ao verificar que a mera exigência de cumprimento de cotas de emprego para portadores de deficiência é pouco eficiente para atingir o objetivo pretendido — porque as empresas quando cumprem as exigências legais o fazem por obrigação e a contragosto —, é crescente o número de programas que combinam cotas com incentivos às empresas, conseguindo-se, com isso, aumentar o seu interesse na contratação de portadores de deficiência qualificados. Em outros casos, as cotas são combinadas com contribuições, ficando a critério da empresa contratar as pessoas ou recolher o que gastaria com essa contratação a fundos específicos (ver Capítulo 6).

Os sistemas baseados em estimulação e punição econômicas são mais bem percebidos pelas empresas e, por isso, apresentam resultados mais positivos para o bem-estar do deficiente. Isso vale também para a prevenção de acidentes. Nos Estados Unidos, um aumento de 10% no valor do prêmio do seguro de acidentes reduz em 13% a taxa de acidentes fatais (*Durbin* e *Butler*, 1998). O aumento do custo dos acidentes, quando estabelecido de forma clara e imediata, sinaliza para as empresas as vantagens de investir na sua prevenção. O mesmo pode ser dito para a absorção de portadores de deficiência no trabalho quando, além da compulsoriedade legal, há a alternativa de fundos aos quais as empresas devem contribuir no caso de não contratação.

Muitos governos vêm implementando políticas que elevam expressivamente os prêmios dos seguros ao mesmo tempo que concedem incentivos para as empresas que reduzirem os acidentes e as doenças do trabalho. A combinação de seguros caros com incentivos atraentes tem apresentado resultados positivos. A mesma lógica funciona para o sistema de cotas. Poucos países usam esse sistema de forma isolada para garantir a entrada e permanência de portadores de deficiência no mercado de trabalho. Ao contrário, eles têm procurado atrelar as cotas legais a sistemas de deduções, incentivos, subsídios e várias outras medidas de caráter econômico e educacional. São os chamados "programas compreensivos", que apresentam os melhores resultados.

Disso tudo conclui-se que o apoio aos portadores de deficiência requer vários tipos de ações que, por sua vez, exigem competência na área da administração de riscos, e rigor no relacionamento de perdas com compensações econômicas.

A Lei dos Deficientes dos Estados Unidos (ADA), lançada em 1990, e que se baseia quase que exclusivamente em medidas legais de antidiscriminação, não conseguiu mudar as restrições do mercado de trabalho para os portadores de deficiência dos Estados Unidos ao longo de uma década de aplicação. Na verdade, o número de portadores de deficiência que hoje trabalham é menor do que o existente antes de 1990 (*Lee* e *Thompson*, 1998, p. 161).

No Brasil, a possibilidade de articulação entre ganhos e perdas está na área da seguridade social. Como se sabe, a habilitação e a reabilitação profissional estão praticamente concentradas no INSS. É esse o nicho que apresenta maiores perspectivas para se incentivar aquela articulação. É aí que ocorrem as maiores despesas para o Estado.

O dispositivo legal mais recente que regula essa matéria é o Decreto n. 3.048/99. O artigo 137 diz caber aos profissionais do INSS a responsabilidade de:

"a) realizar a avaliação e a capacidade laboral residual dos portadores de deficiência;

b) orientar e acompanhar a programação da habilitação e reabilitação;

c) articular o INSS com a comunidade a fim de facilitar o ingresso e o reingresso dos portadores de deficiência no mercado de trabalho;

d) pesquisar a oferta de vagas no mercado de trabalho e o desempenho dos portadores de deficiência nos processos de inserção e reinserção".

O artigo 140 diz que, concluído o processo de reabilitação profissional, cabe ao INSS emitir um certificado indicando a função para a qual o reabilitado foi capacitado, sem prejuízo do exercício de outra para a qual se julgue capacitado. Esse artigo isenta o INSS de qualquer responsabilidade de manter o reabilitado no mesmo emprego ou em outro emprego para o qual está em condições de exercer.

Quando se considera o total de recursos públicos destinados aos portadores de deficiência no Brasil, verifica-se que o País gasta pouco em relação à grandiosidade do problema e, além disso, gasta mal. Mesmo assim, são cifras expressivas. No ano de 1998, só a Previdência Social destinou quase R$ 3 bilhões aos portadores de deficiência física, sensorial e mental (MPAS, 1999a). Como ocorre em outros países, mais de 80% dos recursos destinaram-se ao pagamento de benefícios de prestação continuada a pessoas que estão impossibilitadas de trabalhar e que fazem parte de famílias comprovadamente carentes (renda per capita menor de 1/4 de salário mínimo). Mas, como os recursos da Previdência Social estão se tornando escassos, o valor dos benefícios não sobe, submetendo a vasta maioria dos portadores de deficiência a um estado de penúria.

Como já foi indicado, os resultados dos poucos programas de reabilitação são ínfimos em vista da dimensão do problema no Brasil. Em 1998, através de suas 80 unidades de reabilitação profissional, o INSS recolocou no mercado de trabalho menos de 20 mil portadores de deficiência (INSS, 1999), lembrando-se que, em idade de trabalhar, o País possui cerca de 9 milhões de pessoas com limitações.

Mas o Brasil é a terra de contrastes mesmo. Estudos mais elaborados sobre a destinação das verbas da Previdência Social indicam que, em muitos Estados do Brasil, as despesas realizadas com benefícios excedem às necessidades. É estranho verificar que, para o País como um todo, a Previdência Social atende a 105% das necessidades dos portadores de deficiência que algum dia tiveram algum vínculo empregatício (MPAS, 1999b; IPEA, 1999).

Enquanto nos países mais desenvolvidos as políticas governamentais procuram potencializar a sinergia decorrente da combinação de vários esforços das instituições e das redes que lidam com os portadores de deficiência, o Brasil coloca praticamente todos os seus recursos para pagar benefícios precários. Pouco se faz em termos da convergência das várias instituições que atuam ou poderiam atuar na área. Inexistem políticas públicas que estimulem as empresas a admitir e reabilitar. O atendimento do acidentado no trabalho, quando ocorre, é feito tarde demais, e com poucos recursos, o que amplifica, de maneira violenta, a probabilidade de o acidentado virar objeto de benefício vitalício da Previdência Social.

Em resumo, o Brasil concentra as verbas públicas para manter os portadores de deficiência longe do mercado de trabalho. Pouco se destina à reabilitação, e menos ainda à prevenção dos problemas que continuam operando como causadores perpétuos de acidentes e doenças do trabalho. Muita coisa pode ser melhorada com os recursos atuais e com o seu acoplamento a outros recursos da sociedade. Recomendações nesse sentido serão apresentadas no Capítulo 8.

Capítulo 5

Os Sistemas de Apoio ao Trabalho

Entre os técnicos, pesquisadores e especialistas há um entendimento bastante generalizado segundo o qual a inserção dos portadores de deficiência no mercado de trabalho é a melhor maneira de ajudá-los a superar seus problemas[34]. O objetivo básico dos sistemas de apoio é exatamente integrar os portadores de deficiência, da melhor maneira possível, no trabalho e na sociedade.

Os sistemas de apoio envolvem uma grande diversidade de atividades: educação, qualificação profissional, assistência médica, habilitação e reabilitação para o trabalho, mecanismos legais, estímulos aos empresários, subsídios aos portadores de deficiência, serviços de colocação, campanhas antidiscriminação e instituições onde é realizado o trabalho de portadores de deficiência de forma abrigada ou, simplesmente, "trabalho protegido"[35] (*Momm*, 1998).

---

(34) A OIT tem três instrumentos que se referem de maneira direta à importância do trabalho dos portadores de deficiência: Recomendação 99, 1955 (Reabilitação de Portadores de Deficiência); Convenção 159, 1983 (Emprego e Reabilitação dos Portadores de Deficiência); Recomendação 168, 1983 (Emprego e Reabilitação de Portadores de Deficiência).

(35) O trabalho protegido, realizado em instituições abrigadas, envolve as atividades realizadas em entidades que têm uma linha de produção, como é o caso no Brasil dos institutos de cegos e surdos-mudos, assim como as organizações de produção e laborterapia voltadas para pessoas que não têm possibilidade de se locomover ou que possuem severas limitações de natureza mental.

1. Os Serviços de Colocação Profissional

Os serviços de colocação profissional visam facilitar o ajuste entre a oferta e a procura de mão-de-obra no mercado de trabalho. Mesmo para os não-portadores de deficiência, o sucesso desses serviços depende de bons conhecimentos dos trabalhadores, das empresas e dos postos de trabalho. No caso dos portadores de deficiência, tais conhecimentos são cruciais.

Em muitos países, a colocação de portadores de deficiência é feita pelos serviços de colocação em geral. Em outros, há agências especializadas, dirigidas por pessoal treinado e que conhece, com detalhes, as limitações e as potencialidades dos portadores e as necessidades das empresas.

No Brasil, está aumentando o número de entidades ligadas a órgãos dos governos estadual e municipal que têm a missão de recrutar e colocar no trabalho os portadores de deficiência como, por exemplo, o PADEF (Programa de Apoio à Pessoa Portadora de Deficiência no Mercado de Trabalho), ligado à Secretaria de Emprego e Relações do Trabalho de São Paulo.

Começam a surgir também algumas empresas privadas, especializadas em colocação de mão-de-obra, e que, aos poucos, vão se interessando pelo recrutamento e encaminhamento de portadores de deficiência ao mercado de trabalho (*Gelre*, 2000).

Cresce também o número de entidades de e para portadores de deficiência (em especial de surdos-mudos, cegos, paraplégicos e portadores da Síndrome de Down) que, além de reabilitar e qualificar, se dedicam à colocação de sua clientela no mercado de trabalho.

Algumas dessas entidades estão ligadas a instituições estrangeiras e que perseguem o mesmo objetivo. Esse é o caso da Melwood (fundada em 1963), que tem sede nos Estados Unidos e parceiros no Brasil, Austrália, Japão e Egito. A sua principal tarefa é a de persuadir empregadores relutantes a dar uma chance de trabalho para as pessoas que têm limitações.

Nos países mais avançados, essas entidades pesquisam a fundo as características dos mercados de trabalho antes de abordar empresas que têm potencialidade para empregar portadores de deficiência. No caso do exemplo citado (Melwood, dos Estados Unidos) há uma grande experiência acumulada na "tecnologia de abordagem" das empresas para a colocação de portadores de deficiência. Essa instituição recomenda um trabalho intensivo em três níveis: (a) junto ao portador de deficiência; (b) junto às empresas; e (c) junto às comunidades. Em outras palavras, para ter sucesso na colocação é preciso preparar o portador, educar o empresário, e organizar a comunidade (*Melwood*, 2000).

O ajuste entre a qualificação e a função é fundamental. Na aproximação do portador de deficiência com a empresa, recomenda-se o uso da linguagem empresarial. Na maioria dos casos, os empresários são mais atraídos por termos como produção, produtividade, lucro, do que leis, exigências e punições.

Na sua tarefa de colocar o portador de deficiência no mercado de trabalho, a instituição (ou pessoa) encarregada, precisa revelar ao empresário que a entidade de colocação possui um tipo de mão-de-obra que é de boa qualidade, zelosa, disciplinada e que gosta de trabalhar. É útil demonstrar que essa mão-de-obra trará vantagens econômicas para a empresa.

Despertados esses interesses, o empresário estará mais preparado para aceitar a idéia de que o trabalho será exercido por portadores de deficiência, devidamente habilitados.

Mas a tarefa de colocação não pára aí. Uma vez contratados, os portadores de deficiência e as empresas necessitam de apoio, aconselhamento e acompanhamento — pelo menos por algum tempo.

Uma boa parte dos portadores precisa de tempo para se ajustar. Os empresários têm de avaliar o trabalho e acumular experiências com o novo funcionário. Isso é essencial. As pesquisas mostram que os empresários voltam a recrutar portadores de deficiência depois de terem bons resultados com os primeiros contratados. A acumulação de experiência tem mais força do que a compulsoriedade da lei.

Nos Estados Unidos, a legislação trabalhista é suficientemente flexível para permitir às empresas pagar um portador de deficiência, por exemplo, 75% do salário quando a sua produtividade é de 75% em relação à de um não-portador. (*Copus*, 2000)

Mas isso não é motivo para exploração. As duas partes negociam, de antemão, as bases da contratação, deixando claro que, comprovada uma eventual redução de produtividade, haverá redução do salário. Nessa mesma negociação fica estabelecido que, identificada uma superação do padrão de produtividade, o portador de deficiência terá um salário maior do que o de um não-portador.

É claro que isso depende de educação e civilidade, além da flexibilidade da legislação. Mas é questão de tempo. Os contratos de trabalho começam simples, vão se aperfeiçoando gradualmente, e, nessa trajetória, vão educando as duas partes. De nada adianta impor uma condição que destoa do mercado. Quando isso é tentado, a empresa busca os mais variados subterfúgios para não contratar ou para despedir um portador de deficiência. Aliás, a retenção no trabalho é um problema tão sério quanto o da colocação. Daí a necessidade de acompanhamento, avaliação, aconselhamento e flexibilidade.

O relacionamento amigável entre os empregadores e os portadores de deficiência é essencial. A conquista de um bom chefe é crucial. Isso não é apenas uma questão de sorte. Depende muito do que se faz para desenvolver uma atitude positiva em relação ao trabalho, onde tudo é feito com gosto e dedicação, ainda que, muitas vezes, com alguma restrição.

O entendimento das limitações, do lado do chefe, e a compreensão das exigências, do lado do portador de deficiência, são as atividades que polarizarão a sua atenção depois de feita a contratação. Esse é o momento em que o portador de deficiência tem de exibir um igual domínio dos seus direitos e dos seus deveres.

É claro que inúmeras macropolíticas podem melhorar esse relacionamento. As políticas de facilitação do acesso e permanência no trabalho apresentam melhores resultados, quando se baseiam em "programas compreensivos" de promoção de emprego direto (ou subcontratado) no âmbito das empresas. Em outras palavras, elas funcionam bem quando ajudam a criar condições favoráveis para a emergência e a prática do trabalho produtivo.

Um dos principais desafios desses programas é o de educar os empresários para receber pessoas que têm necessidades especiais. Os responsáveis pelo recrutamento e treinamento das empresas têm de conhecer os limites e as vantagens comparativas dos portadores de deficiência. Do lado das organizações de colocação, os profissionais encarregados precisam ter argumentos para demonstrar aos contratantes em potencial que os custos da adaptação são inferiores aos benefícios econômicos e sociais que decorrem daquela contratação.

É função dos profissionais dos serviços de colocação trabalhar em íntima relação com os profissionais de recursos humanos das empresas, facilitando a circulação de informações, para tomar as providências necessárias para receber e adaptar portadores de deficiência no ambiente de trabalho. Sem isso, é pouco provável que os empregadores venham a admitir e reter tais pessoas. Se o fizerem, a contrariedade os levará a colocá-los em trabalhos pouco importantes, e, muitas vezes, marginalizados.

Nos países onde se pratica o sistema de cotas, descobriu-se que, do lado dos empregadores, mais importante do que garantir emprego por lei é serem capazes de reconhecer o potencial dos portadores de deficiência de forma humana e produtiva. Em quase todos esses países, está ocorrendo uma guinada em direção a um tratamento dos portadores de deficiência de forma mais consentânea com as regras da economia de mercado, e um afastamento gradual das velhas políticas protecionistas (ver Capítulo 6).

2. Políticas de Retenção no Trabalho

Em face dos altos custos dos seguros e da grande responsabilidade das empresas, em muitos casos exigida por lei, na maior parte dos países avançados, a ênfase está sendo colocada, cada vez mais, na retenção e no retorno dos portadores de deficiência ao ambiente de trabalho.

A concretização dessas políticas depende não somente de intervenções governamentais mas, sobretudo, do engajamento de várias instituições, em especial das empresas, todas elas movidas por uma combinação de princípios de responsabilidade social e de cálculo econômico — utilizando as abordagens jurídica e econômica como complementares, e não como antagônicas. Os países que vêm apresentando melhores resultados com as políticas de retenção e volta ao trabalho exibem uma combinação saudável dessas abordagens (*Thornton* e outros, 1998).

As ações nesse campo compreendem as políticas públicas de promoção de emprego, os programas de seguros e benefícios, os serviços de apoio e reabilitação, os programas de adaptação no trabalho e as condutas empresariais.

Na formulação e implementação dessas estratégias participam inúmeras instituições — organizações de e para portadores de deficiência, governo, sindicatos, empresas, associações de empresários e outras.

As estratégias de maior sucesso são as que se baseiam na criação de condições que inibem discriminar e que estimulam incorporar os portadores de deficiência no trabalho com desejo e apreço — e não aquelas que apenas fiscalizam e punem quem deixa de contratar.

Isso pode ser estimulado por forças econômicas. Por exemplo, o encarecimento dos seguros de acidentes e doenças profissionais vem levando muitas empresas a assumir uma responsabilidade crescente na prevenção de infortúnios e na contratação de portadores de deficiência. Quando isso ocorre, o Estado passa a ter uma responsabilidade decrescente nesses campos.

Tome-se o caso da Suécia e Holanda. Nesses países, as empresas passaram a ser responsáveis pelo pagamento dos salários dos que se acidentam (ou adoecem) no trabalho durante um prazo que varia de duas semanas a cinco anos! (*Thornton* e outros, 1998). Quando não pagam os salários diretamente, estes são pagos de forma indireta pois, nesses casos, as seguradoras passam a cobrar prêmios caríssimos das empresas seguradas.

A situação ficou insustentável a ponto de os sistemas de seguro passarem por uma grande reforma, tendo sido articulados com os programas de retenção no emprego. Surgiu uma nova modalidade de seguro em que, quanto maior é a retenção, menor é a despesa com a seguradora. Quanto menor é a retenção, mais caros são os prêmios dos seguros.

Trata-se de um sistema semelhante ao que é usado nas diferentes condições de risco para fins de estabelecimento do valor do prêmio do seguro-acidente. São incentivos econômicos para "elevar a vontade" do empregador para reter os portadores de deficiência no trabalho.

Nos Estados Unidos e na Alemanha, igualmente, mecanismos desse tipo têm aumentado a motivação das empresas para manter os portadores de deficiência trabalhando. Nesses países, antes de o empregador desistir de reter, são feitas várias tentativas para que ele mude de idéia. Dentre as estratégias de persuasão, usa-se até a mediação, realizada por mediadores públicos ou privados, tendo como partes as empresas e as seguradoras — e, em raros casos, as organizações de portadores de deficiência[36].

O Brasil não possui seguros cujas alíquotas variam de acordo com o esforço da empresa. No caso do seguro de acidentes do trabalho, por exemplo, as alíquotas são fixadas segundo o grau de risco do setor ou ramo de atividade em que se insere a empresa. A empresa que consegue taxas baixas de acidentes

(36) Para apreciar o papel crescente da mediação nesse campo, ver EEOC (1999).

não dispõe de nenhum incentivo econômico para continuar assim, da mesma maneira que a que dispara nas taxas de acidentes não tem nenhuma punição pecuniária para melhorar seu desempenho.

No caso dos portadores de deficiência, as cotas legais são estabelecidas por tamanho de empresa, desprezando-se a natureza da atividade, o grau de risco no trabalho, a capacidade de realização de adaptações arquitetônicas e outros requisitos que poderiam funcionar como moduladores na tarefa de estimular o maior número de empresas a contratar o maior número de portadores de deficiência. Os únicos mecanismos disponíveis para "forçar" a contratação são a fiscalização e a punição. Por que não estimular as que têm mais dificuldade para contratar e estabelecer um prêmio para as que contratarem além da sua cota?

3. O Papel da Reabilitação

No campo do apoio para a retenção, os instrumentos da OIT têm colocado muita ênfase na reabilitação. A raiz desses instrumentos foi a Recomendação 99 (1955), que tratou explicitamente da adaptação e readaptação profissional dos portadores de deficiência.

A Convenção 159 (1983), igualmente, foi construída com base em programas existentes, e redundou em um compromisso dos Países-Membros no sentido de tudo fazer para recuperar a saúde e a empregabilidade dos trabalhadores.

A Convenção 168 (1983) relacionou a reabilitação com estimulação do emprego(37).

Em vários países da Europa, os serviços de habilitação e reabilitação são mantidos por uma combinação de recursos do poder público, seguradoras, empresas e população-alvo. Eles também fazem parte dos programas compreensivos acima aludidos e articulam exigências legais com estimulação econômica.

Na condução de uma política de habilitação e reabilitação profissional há quatro questões-chaves. Quem organiza os serviços? Que tipo de serviços devem ser oferecidos? Quem deve receber prioritariamente esses serviços? Quem paga por eles?

No que tange à organização, as sociedades mais avançadas possuem serviços públicos em todos os níveis (nacional, regional e local) — complementados por serviços privados, mantidos pelas seguradoras e entidades particulares. Estas, por cobrarem dos portadores de deficiência, só ficam no mercado enquanto provarem sua eficiência. As entidades públicas, é claro, estão fora desse filtro, e selecionam seus clientes com base nas orientações das leis e governos e se preocupam bastante com a eqüidade. Cresce cada vez mais, porém, a preocupação com o monitoramento, eficiência e eficácia de todas essas organizações.

---

(37) Os instrumentos normativos e os programas da OIT no campo da deficiência podem ser encontrados no Relatório III (Parte 1B), apresentado na 86ª Conferência Internacional do Trabalho, em Genebra, 1986 (ILO, 1998).

No que se refere aos serviços prestados, há uma distinção clara entre reabilitação médica e reabilitação profissional, embora as duas tenham uma extensa interface.

A primeira envolve o provimento de serviços do pessoal de saúde (médicos, enfermeiros, terapeutas ocupacionais, fonoaudiólogos, etc.) e visa trazer o estado de saúde da pessoa para mais próximo da normalidade. Em geral, ela se destina a pessoas que adquiriram alguma limitação por força de acidentes (de trânsito, do trabalho ou violência) ou de doença ocorrida na vida adulta.

A habilitação e a reabilitação profissionais envolvem o provimento de serviços orientados para instalar ou restaurar uma capacidade produtiva no portador de deficiência com vistas a integrá-lo ou reintegrá-lo no trabalho. Ambas são de extraordinária importância para aumentar as chances de emprego e trabalho dos portadores de deficiência.

Com relação aos beneficiários dos serviços, isso varia de acordo com a legislação e filosofia dominantes em cada país. Depois da Primeira Guerra Mundial, a Europa deu prioridade à reabilitação dos feridos em combate. Na mesma época, os Estados Unidos enfatizaram a reabilitação dos portadores de deficiência física, adquirida no trabalho, em especial, na indústria. Na década de 1960, por influência do Presidente John F. Kennedy, os americanos passaram a priorizar os portadores de deficiências mentais. Mais recentemente, os países desenvolvidos, embora atendam a todos os tipos de deficiência, dão prioridade aos mais jovens e aos idosos de reabilitação e de apoio para a retenção no trabalho.

A eficácia dos serviços de habilitação e reabilitação é avaliada positivamente quando os portadores de deficiência passam a participar, com sucesso, da competição livre no mercado de trabalho ou trabalhar como empregados e autônomos ou, ainda, em instituições de "trabalho protegido" (*Berkowitz* e *Dean*, 1998).

A reabilitação, sozinha, tem um impacto reduzido na reinserção dos portadores de deficiência no mercado de trabalho. A remoção de barreiras é de enorme importância. Nos Estados Unidos, cerca de 400 mil novos portadores de deficiência entram nos serviços de reabilitação todos os anos. Apenas 4 mil conseguem retornar ao trabalho (*Mashaw* e *Reno*, 1998, p. 255).

Trata-se de um aproveitamento bastante limitado. Isso levou muitos autores a propor o atrelamento da reabilitação a sistemas de crédito junto às agências seguradoras, que são responsáveis pelo pagamento de benefícios aos portadores de deficiência (*Mashaw* e *Reno,* 1998). Ao se associar a obrigação legal à estimulação econômica, os resultados melhoraram.

4. Políticas de Transferências

Em praticamente todos os países, os sistemas de seguridade social e seguros privados garantem recursos que são transferidos para os portadores de deficiência. Nos países mais avançados, tais recursos destinam-se também aos empresários com vistas a aumentar a contratação e melhor ajustar os portadores de deficiência nos ambientes de trabalho. Cada país busca fazer a combinação de programas que julga mais eficiente.

As regras e o valor dos benefícios da previdência ou das seguradoras influenciam, é claro, o tempo durante o qual os portadores de deficiência permanecem ativos no mercado de trabalho.

Para os portadores de deficiência que ficam trabalhando durante toda a sua vida útil, o caminho da aposentadoria é direto. As regras de aposentadoria, assim como o valor do benefício, costumam ser as mesmas que são aplicadas aos não-portadores, com exceção da idade, para a qual há flexibilidade. Muitos se aposentam mais cedo. Nos Estados Unidos, 70% dos portadores de deficiência param de trabalhar antes do tempo normal, alegando ou demonstrando problemas de saúde(38).

No campo da aposentadoria, há várias trajetórias. Em muitos casos, os sistemas de previdência estimulam os portadores de deficiência a se aposentar na idade convencional; em outros, abrem oportunidades de trabalho em órgãos do governo para retardar a aposentadoria.

Há também os casos em que os seguros de saúde "bancam" os empregadores que se vêem na iminência de perder a colaboração de um portador de deficiência devido a problema de saúde; há os que são amparados pelo seguro-desemprego.

---

(38) Nos Estados Unidos foi criado em 1956 um seguro especialmente desenhado para os portadores de deficiência (Social Security Disability Insurance) e, em 1974, foi criado um seguro complementar (Supplementary Security Income). O primeiro cobre portadores de deficiência que já estiveram no mercado de trabalho; o segundo cobre portadores de deficiência em geral. Em 1995, havia cerca de 9 milhões de americanos recebendo esses seguros (4,5 milhões em cada um deles). A despesa total foi da ordem de US$ 60 bilhões (*Mashaw* e outros, 1996; *Rupp* e *Stapleton*, 1998).

Existem ainda programas sociais para apoiar os portadores de deficiência que não se enquadram nos casos acima.

As transferências de recursos, por sua vez, são de quatro tipos: (a) transferências para os portadores de deficiência; (b) transferências para os empregadores; (c) transferências para as agências de colocação; (d) incentivos para promoção de trabalho produtivo.

(a). Transferências para os portadores de deficiência — As transferências para os portadores de deficiência podem ser feitas de várias maneiras. Dentre as mais comuns estão os benefícios de curto prazo (durante a fase de reabilitação), que cobrem o salário do portador de deficiência durante sua ausência no trabalho, em decorrência de acidente ou doença profissional, e os de longo prazo, que cobrem os prejuízos de problemas permanentes. Há também os recursos que são repassados através de assistência social.

O valor dessas transferências varia de país para país. Por exemplo, na Alemanha, Luxemburgo e Holanda, os valores são os mesmos que os pagos aos não-portadores quando, temporária ou permanentemente, se afastam do trabalho (inclusive por motivo de desemprego ou aposentadoria). Na Bélgica e Canadá, os valores são mais altos, quando se trata de caso de deficiência decorrente de acidentes ou doenças do trabalho.

Ao lado dessas transferências, há os benefícios que são concedidos com vistas a manter os portadores de deficiência na força de trabalho. Dentre eles, têm especial destaque: (i) o seguro-desemprego; (ii) a complementação de salários; (iii) a redução de contribuições sociais; (iv) a isenção de impostos; (v) a ajuda financeira; (vi) a compensação para reabilitação.

i. O *seguro-desemprego* visa garantir um colchão de proteção para portadores e não-portadores de deficiência que perdem emprego e buscam conseguir outro. Trata-se de uma ajuda temporária e aplicável a quem já esteve empregado.

ii. A *complementação de salário* é feita para manter portador de deficiência empregado, e ajudá-lo a enfrentar as despesas decorrentes da sua limitação. Muitas vezes, a pessoa trabalha apenas uma parte do dia, e a complementação cobre a outra parte. Outras vezes, ela tem um salário menor na empresa e a complementação iguala-a aos não-portadores de deficiência.

iii. A *redução de contribuições sociais individuais* é usada, da mesma forma, para elevar a renda disponível dos portadores de deficiência. Na Alemanha, por exemplo, os portadores de deficiência pagam apenas 25% das contribuições previdenciárias, e o próprio Estado complementa o resto.

iv. A *isenção de impostos*, total ou parcial, é geralmente utilizada através de créditos, deduções, ou isenção na compra de determinados produtos (automóveis, cadeira de rodas, equipamentos para adaptação, etc.).

v. A *ajuda financeira* refere-se a recursos transferidos do Estado para os portadores de deficiência com a finalidade de ajudá-los a se reintegrar na sociedade. Muitas vezes, como ocorre na Alemanha, Inglaterra e vários países da Europa Central, esta ajuda é indireta como, por exemplo, o transporte público gratuito, ingressos para teatros, cinemas e outros espetáculos — cujos custos são cobertos pelo Estado. Outras vezes, como ocorre na Escandinávia, essa ajuda é na forma de pagamento de equipamentos e de serviços de pessoal especializado, que ajudam os portadores de deficiência na sua integração no trabalho (professores de braile, fonoaudiólogos, fisioterapeutas, etc.).

vi. A *compensação para a reabilitação* visa ajudar os portadores de deficiência a ficar no seu emprego ou mudar para outro. Em muitos países os empregadores são obrigados a arcar com o total de despesas de reabilitação — de modo direto ou através das seguradoras — quando a deficiência decorreu de acidentes ou doenças no trabalho. Em outros países, o governo cobre as despesas de reabilitação, especialmente no caso da criação de novos postos de trabalho para absorver portadores de deficiência.

No Brasil, a principal transferência é na forma de benefício assistencial aos portadores de deficiência que não podem trabalhar, chamado benefício de prestação continuada, e mantido pela Previdência Social.

O número de beneficiados é irrisório, e vem caindo com o tempo. Em 1996, a Previdência Social concedeu cerca de 385 mil auxílios. Em 1997, 260 mil; e em 1998, 138 mil. Em termos de valores, em 1996, foram gastos cerca de R$ 38 milhões nessa rubrica; em 1997, R$ 30 milhões; e, em 1998, apenas R$ 18 milhões (MPAS, 1999a).

(b). Transferências para os Empregadores — Na maioria dos países desenvolvidos admite-se que os empregadores necessitam de estímulos para contratar e compensar os custos de admissão, adaptação e retenção dos portadores de deficiência nos seus ambientes de trabalho. Esses estímulos são transferidos pelo Estado às empresas sob três modalidades: (i) complementação salarial; (ii) ajuda para adaptação; (iii) isenção de contribuições.

i. A *complementação dos salários* é a forma mais freqüente. Trata-se de um repasse às empresas de uma parcela do salário, para compensar as despesas de acomodação ou eventual diferencial de produtividade do portador de deficiência em relação ao não-portador, igualando-se, assim, a remuneração dos dois.

As políticas nesse campo variam bastante. Na Bélgica, por exemplo, essa complementação é paga apenas durante o tempo de adaptação. Há uma redução gradual ao longo de um ano, que é o prazo máximo de adaptação. Na Austrália, a complementação dura seis meses. Na Alemanha, dois anos.

O valor da complementação também varia. Na Austrália há uma quantia fixa por portador de deficiência, em torno do equivalente a US$ 80 por mês. Na Alemanha, o subsídio pode chegar a 80% do salário do portador de deficiência. Na Hungria, há um percentual fixo de 35%. Na Bélgica, quando se trata de "trabalho protegido", a complementação é de 65%, enquanto no mercado em geral, é de 40%. Na Holanda, o "emprego social" (concedido por entidades de portadores de deficiência) recebe 100% de subsídio dos fundos públicos. Na Nova Zelândia, com 100% de recursos do Tesouro, as empresas contratam portadores de deficiência por seis meses, com o compromisso de mantê-los em seus quadros. No segundo semestre, a ajuda governamental cai para 50% e no segundo ano passa gradualmente para zero (*Rendall*, 2000).

ii. A *ajuda para adaptação* é freqüente. Na maioria dos países da Europa, as empresas e as entidades de portadores de deficiência recebem recursos para cobrir parte dos custos de investimentos e adaptação. Essas verbas sobem muito quando se trata de entidades de portadores de deficiência e de empresas que mantêm serviços de treinamento e reabilitação profissional. Em muitos países, esses subsídios conseguem elevar de forma expressiva o número de portadores de deficiência candidatos a emprego, facilitando a sua integração no trabalho.

iii. A *isenção de contribuições sociais* assume várias formas. Os empregadores podem receber isenção total ou parcial de encargos sociais quando empregam portadores de deficiência. Em certos casos, essa isenção é aplicável apenas quando a empresa excede a cota legal. De um modo geral, o "trabalho protegido" está totalmente isento de encargos sociais.

(c). Transferências para as Agências de Colocação — Em vários países, as transferências de recursos são feitas

também às agências de colocação (públicas e privadas) que envolvem serviços do governo, organizações de e para portadores de deficiência, ONGs, e firmas de seleção e recrutamento de pessoal. Os recursos transferidos a essas agências funcionam como estímulo para preparar e colocar bem os portadores de deficiência no mercado de trabalho.

Em certos casos, elas são participantes de sistemas mais sofisticados de seguridade social, atuando como elementos auxiliares na retirada de portadores de deficiência da condição de beneficiário ou pensionista, passando-os para a categoria de trabalhadores ativos no mercado de trabalho.

Mas essa estratégia é ainda controvertida. Devem os recursos públicos ser encaminhados a agências especializadas em portadores de deficiência, ou direcionadas às organizações que fazem o atendimento geral de seleção, preparação e colocação das pessoas no mercado de trabalho?

Este campo tem servido para projetos criativos. Nos Estados Unidos, por exemplo, no ano 2000, havia uma proposta em discussão em vários estados, segundo a qual os portadores de deficiência reabilitados receberiam um "voucher" a ser entregue a uma instituição (pública ou privada), ligada a portadores de deficiência e especializada em recolocação.

Nesse esquema, toda vez que essa instituição conseguir admitir um portador de deficiência em determinada empresa (ou órgão público), ela passará a receber benefícios da parte das seguradoras. O prazo máximo de recebimento é de cinco anos.

A lógica é a seguinte: a entidade que colocou o portador de deficiência no mercado de trabalho economizou recursos que as seguradoras teriam de despender para manter aquelas pessoas fora do trabalho. Nada mais justo do que transferir tais recursos (total ou parcialmente) àquela entidade.

Quando o órgão de colocação não conseguir a referida inserção, não receberá nada. Ou seja, as instituições serão remuneradas pelas economias que proporcionarem às agências seguradoras. Essa estratégia deve aumentar as escolhas dos portadores de deficiência e forçar as entidades a eles dedicadas (ONGs) a ajudarem de forma efetiva — e não apenas reclamarem. Isso poderá ser aplicado não só às seguradoras do setor privado como também à seguridade social mantida pelo Estado.

(d). Incentivos para Promoção de Trabalho Produtivo — Os incentivos para estimular a criação de oportunidades de trabalho são de vários tipos. Dentre eles, têm especial destaque os incentivos que se voltam para: (i) o trabalho autônomo; (ii) o trabalho assalariado; (iii) a aquisição de competências.

i. No que tange ao *trabalho autônomo*, os países desenvolvidos dispõem de linhas de crédito com vistas a estimular os portadores de deficiência a montar o seu próprio negócio. Na maioria dos casos, os recursos provêm dos cofres públicos. Crescem cada vez mais, porém, as linhas de crédito de instituições privadas cujo avalista é o poder público, que tem vantagem nesse aval pois, com isso, economiza recursos do seguro-desemprego ou de outras transferências diretas para os portadores de deficiência.

ii. O *incentivo para o trabalho assalariado* se concretiza, como foi dito acima, pela complementação de salários aos portadores de deficiência ou às empresas. Neste caso, são contempladas as contratações diretas e as subcontratações. Em muitos países, como França e Inglaterra, o "trabalho protegido" em entidades de portadores de deficiência também recebe uma complementação salarial do Estado.

iii. Os *incentivos para aquisição de competência* são geralmente concedidos na forma de bolsa de estudo, pagamento direto dos cursos voltados para a qualificação de portadores de deficiência, ou convênios com instituições de treinamento e formação profissional.

5. O Trabalho Protegido

O "trabalho protegido" é o que ocorre em entidades que se dedicam especificamente ao amparo, à recuperação profissional e ao desenvolvimento pessoal de portadores de deficiência que nelas trabalham.

Nessa categoria incluem-se as obras educacionais e produtivas que utilizam portadores de deficiência físicos, sensoriais e mentais. Em geral, são pessoas que possuem limitações mais severas, e cujos custos de investimento e adaptação não cobrem os benefícios que elas poderiam trazer às empresas do mercado em geral.

O "trabalho protegido" é realizado em entidades de cunho médico, psicológico e social, ou em empresas e cooperativas de trabalho produtivo — cooperativas sociais. Em todos esses casos, porém, as organizações que lidam com o "trabalho protegido" visam incorporar apenas os portadores de deficiência que não conseguem ingressar no mercado de trabalho em geral.

O trabalho protegido é assunto bastante controvertido. O ideal para a integração dos portadores de deficiência na sociedade é que a sua participação se dê no mercado de trabalho regular. O isolamento que ocorre nas instituições de trabalho protegido tende a afastá-los da sociedade em geral. Além do mais, dentro de instituições isoladas, a tendência aos maus-tratos é maior. Os problemas ligados à higiene e à alimentação crescem em proporção. O confinamento de portadores de deficiência com portadores de limitações diferentes coloca-os em uma espécie de "vala comum", onde o tratamento pela média, acaba não atendendo as necessidades de nenhum deles e submetendo todos a uma condição subumana e, muitas vezes, ao constrangimento público (*Ribas*, 1983).

Por isso, as sociedades modernas evitam o mais possível o uso do trabalho protegido através de institucionalização. Ao mesmo tempo, exploram as alternativas mais humanas para realizar esse tipo de trabalho, quando a inserção no mercado de trabalho em geral se torna impossível.

Ultimamente, a forma mais comum e mais aceita de trabalho protegido é em cooperativas sociais. Estas são operadas por ONGs, com pessoal especializado, que recebem recursos públicos e privados para prover aos portadores de deficiência as oportunidades de trabalho que eles não conseguem no mercado em geral.

Em casos raros, as cooperativas buscam uma posição de competitividade no mercado em geral. Quando elas lidam com produtos, a preocupação com custos e qualidade é tão grande quanto nas empresas que utilizam não-portadores de deficiência. Quando elas lidam com serviços, a preocupação é no sentido de encontrar áreas do conhecimento nas quais os portadores de deficiência apresentam vantagens comparativas.

Ao lado das cooperativas, multiplicam-se os casos do trabalho em casa, em especial, o teletrabalho. Muitos portadores de deficiências físicas graves — que impedem a mobilidade e o transporte freqüentes — têm revelado uma excepcional capacidade para trabalhar em cálculos, desenhos, traduções, criações artísticas e outras atividades que a informática e as telecomunicações vieram viabilizar aos que têm limitações físicas ou sensoriais.

Como forma mista de trabalho, há casos também em que as próprias empresas regulares criam ambientes especiais para as atividades dos portadores de deficiência severa. O isolamento, porém, nunca é total. Inúmeras tarefas são compartilhadas por portadores e não-portadores de deficiência. As atividades sociais da empresa congregam todos eles. O mesmo ocorre nos programas de treinamento, é claro, dentro das limitações impostas pelas deficiências.

Na Europa, isso ocorre na França, Inglaterra, Dinamarca, Irlanda, Itália, Holanda e Portugal. Trata-se de ambientes nos quais os portadores de deficiência encontram conforto para o trabalho, e se vêem livres da discriminação que geralmente ocorre por parte dos demais trabalhadores das empresas. Tais arranjos estão trazendo grandes esperanças para a inserção no mercado de trabalho, especialmente dos casos mais severos.

No caso do Brasil, a articulação desses mecanismos está em fase muito incipiente, mesmo porque muitos deles inexistem entre nós. Há ainda os casos em que o uso de mecanismos alternativos é proibido por lei e punido pelas autoridades que têm a responsabilidade de zelar pelo cumprimento dessa lei. Portanto, no que tange a mecanismos de apoio, o Brasil tem uma longa caminhada para percorrer.

Capítulo 6

Reservas de Mercado de Trabalho

Os sistemas de reserva de mercado para emprego de portadores de deficiência (cotas) têm uma longa história. Eles foram desenvolvidos na Europa, no início do século XX, com vistas a acomodar os feridos da Primeira Guerra Mundial. Mas, logo de início, foram combinados com o sistema de "cota-contribuição".

A Alemanha, Áustria, França, Itália e Polônia estabeleceram que, desde que justificado, os empregadores poderiam não preencher a cota com ex-combatentes mas, nesse caso, ficavam obrigados a contribuir para um fundo público destinado à habilitação e reabilitação profissionais dos portadores de deficiência.

O sistema de cota, voltado para os ex-combatentes, prosperou em toda a Europa e, gradualmente, foi expandido para militares e não-militares. Em 1923 a OIT recomendou a aprovação de leis nacionais que obrigavam entidades públicas e privadas a empregar um certo montante de portadores de deficiência causada por guerra. Em 1944, na Reunião de Filadélfia, a OIT aprovou uma recomendação, visando induzir os países-membros a empregar uma quantidade razoável de portadores de deficiência não-combatentes.

Os primeiros países que aderiram à idéia foram a Inglaterra e a Holanda, sendo seguidos pela Grécia, Luxemburgo, Espanha, Irlanda, Bélgica. O Japão entrou no esquema bem mais tarde (1960), acoplando-o ao sistema de contribuição, em 1976. Em 1998, aquele país modificou o sistema, passando a dar grande ênfase na estimulação das empresas para a contratação de portadores de deficiência (ver maiores detalhes na próxima seção).

Ao longo da década de 1980, Malásia, Filipinas, Angola, Tanzânia, Egito e Turquia também adotaram o sistema de cotas. Em 1986, o sistema de cotas veio a ser referendado pela Comissão da União Européia, ficando em aberto para os países aderir apenas às cotas ou ao sistema de cota-contribuição.

Nos anos 80, vários países ajustaram o sistema ao modelo de cota-contribuição. Esse foi o caso da República Checa, República da Eslováquia, Hungria, Polônia, Romênia. Entraram no mesmo modelo, Marrocos, Tunísia, Tailândia e Vietnã. Na década de 1990, países da ex-Europa Oriental (Ucrânia, Lituânia, Bielo-Rússia) adotaram cotas.

Hoje, dois terços dos países da Europa possuem cotas legais e compulsórias — a maioria baseada em sistemas de cota-contribuição (*Thornton*, 1999). A China está em vias de adotar um sistema de cotas-contribuição.

O sistema de cotas exige, de saída, uma boa definição de portador de deficiência para saber quem entra e quem não entra na categoria dos empregáveis. Além disso, o sistema requer a demonstração da qualificação e capacidade produtiva do portador de deficiência. O primeiro requisito cria fortes discriminações. Ao reservar uma vaga para um portador de deficiência está-se excluindo um não-portador. O segundo requisito dá margem a manipulações. A empresa que não quer contratar portadores de deficiência eleva as exigências de qualificação de modo a reduzir a um mínimo o número de candidatos potenciais.

A avaliação da qualificação visa estimar e medir a habilidade, destreza, aptidão e a potencialidade. Essa avaliação se divide em dois tipos. Na avaliação funcional, medem-se as capacidades do portador de deficiência para definir o seu potencial de trabalho ou as necessidades de habilitação e reabilitação. Na avaliação ocupacional, medem-se as habilidades do portador de deficiência em função das exigências das ocupações que ele pretende exercer (*Manzur* e *Jaramilo*, 1998a; 1998b).

Os testes e avaliações, com freqüência, geram desconforto para o portador de deficiência que, muitas vezes, se vê alvo de estigma. Além disso, constituem subterfúgios para as empresas que não desejam contratar.

1. Países que Adotam Cotas

O sistema de cotas continua vivo na grande maioria dos países da Europa (*Thornton*, 1999). O percentual das cotas varia entre 1,5% e 7%[39], mas, em muitos casos, ele é fixado

(39) A Itália é uma exceção, onde a cota legal é de 15%. É também o país de menor obediência ao sistema.

em função do tamanho da empresa. Os empregadores que não respeitam a cota, violam a lei, e estão sujeitos a penalidades — a menos que haja, em complemento, o sistema de cota-contribuição, explicado a seguir.

Nos últimos 30 anos, o sistema de cotas evoluiu bastante na direção da flexibilidade. Em muitos países, a contratação de portadores de deficiência mais severa dá às empresas a possibilidade de contá-los em dobro ou em triplo. Em outros, certas atividades são excluídas da obrigatoriedade da cota (construção civil, mineração, trabalho a bordo e outras). Nesses casos, o número de posições existentes nessas atividades é descontado do total da força de trabalho da empresa.

Há ainda os casos em que, em lugar de as empresas contratarem diretamente os portadores de deficiência, elas o fazem através de instituições especializadas nesse campo. Há também os casos em que as empresas justificam a não-contratação ou recontratação (no caso de dispensas) de portadores de deficiência com base em critérios preestabelecidos por lei ou instrumento de negociação coletiva.

Os percentuais e critérios de inclusão (ou exclusão) estão em transição, sendo difícil conseguir-se uma fotografia que reflita a situação de cada nação.

Na *Áustria*, por exemplo, há um sistema de cota-contribuição. A lei federal exige que todas as empresas que tenham mais de 25 empregados reservem 4% das vagas para pessoas portadoras de deficiência, ou paguem a contribuição a um fundo especial. Cerca de 60% do total de cotas são preenchidos, mas a maioria trabalha em órgãos públicos. No setor privado, o preenchimento das cotas é maior nas grandes empresas.

Quando se considera o universo do setor privado, como um todo, apenas 20% das empresas preenchem suas cotas. Ou seja, 80% pagam a contribuição[(40)]. A Áustria recolhe cerca de US$ 580 milhões por ano para um fundo especial. Desses recursos, cerca de 33% são destinados a subsídios individuais[(41)]; 30% são bônus aos empregadores; 23% vão para organizações de trabalho protegido; 14% são encaminhados a programas especiais e entidades que defendem a causa dos portadores de deficiência.

Ao lado do sistema de cota-contribuição, a Áustria possui um rígido regime de demissão. Os portadores de deficiência só podem ser demitidos mediante consentimento de uma comissão encarregada de supervisionar a questão da deficiência. Para obter o consentimento, os empregadores têm de apresentar uma justificativa (por escrito) e fazer a defesa perante a comissão.

Na *Alemanha* também existe o sistema de cota-contribuição que funciona dentro de um aparato institucional bastante

---

(40) No caso do não-preenchimento, as empresas recolhem uma contribuição equivalente a cerca de US$ 1,600 por portador de deficiência não empregado por mês. Por sua vez, as empresas que ultrapassam a cota recebem um bônus, cujo valor vem decrescendo, mas que ainda atinge, em média, o equivalente a US$ 800 por empregado/mês.

(41) Os subsídios individuais destinam-se aos portadores de deficiência na forma de bolsas de treinamento e adaptação no trabalho, e aos empregadores, na forma de complementação de salários.

amplo. As políticas de emprego de portadores de deficiência são intimamente associadas com as políticas da seguridade social, que funcionam como vasos comunicantes (*Albrecht* e *Braum*, 1998).

A Alemanha tem uma longa tradição em seguridade social. O seguro-acidente foi introduzido no País em 1884. Os feridos de guerra passaram a receber benefício e assistência social em 1919. Os trabalhadores em geral foram integrados no sistema de apoio em 1927. Em 1974 foi aprovada a Lei de Harmonização dos benefícios dos portadores de deficiência. Em 1990, os sistemas de seguros sociais foram unificados, cobrindo as duas Alemanhas. A partir de 1994, inúmeras leis antidiscriminação passaram a ser editadas para a Alemanha unida.

A lei alemã estabelece uma cota de 6% para todo empregador, público ou privado, que possua mais de 16 empregados. Para o setor público, esse percentual é único. Para o setor privado, a cota varia de acordo com o ramo de atividade e região do País. A lei não permite às empresas incluir na sua cota os trabalhadores contratados por terceiros ou por entidades de "trabalho protegido" — a não ser nos casos de deficiência severa.

As grandes empresas (mais de 1.000 empregados) normalmente chegam perto da cota de 6%. O setor público ultrapassa essa marca. Nas pequenas empresas do setor privado (16-30 empregados), porém, a cota média fica em torno de apenas 2,7%. As empresas dos setores agrícola, construção, transporte, comunicação, comércio varejista e bancos também ficam abaixo dos 6%.

As empresas que contratam pessoas que trabalham em entidades de portadores de deficiência, em especial de cegos, podem abater 50% na sua obrigação em cada posição a ser preenchida com a cota.

As firmas que não alcançam a cota pagam uma contribuição para um fundo de apoio aos portadores de deficiência. Cerca de 75% das empresas optam pela contribuição total ou parcial. O fundo recebe em torno de US$ 600 milhões por ano. A principal destinação dos recursos é para o estímulo e apoio aos empresários que não podem preencher a cota, com o objetivo de torná-los adimplentes em relação ao sistema.

A Alemanha enfatiza muito a reabilitação e a reintegração. Isso é realizado com a ajuda de centros especializados, empresas, ONGs e sindicatos. Além disso, há inúmeros serviços de encaminhamento e colocação de portadores de deficiência no mercado de trabalho. Grande parte desses serviços é mantida com recursos do fundo de apoio aos portadores de deficiência.

As empresas que superam a cota têm o direito de pleitear bônus e deduções. Mas, devido ao excesso de burocracia, esses amortecedores têm sido pouco usados. Os portadores de deficiência muito severa são contados em dobro ou em triplo.

Como na Áustria, a demissão na Alemanha tem regras rígidas. A dispensa de portadores de deficiência só pode ser efetivada depois de obtida uma autorização de órgão oficial. Tanto a cota como a dispensa não são assuntos de negociação.

Na *Bélgica* há vários fundos públicos à disposição dos portadores de deficiência que, no campo do trabalho e por força de lei, são pessoas integrantes de "grupos de risco". Esses fundos têm portas abertas às entidades de portadores de deficiência. Basta obedecer aos critérios de concessão para obterem ajuda financeira, treinamento, reabilitação e assistência mantidos pelos fundos.

A Bélgica possui cotas a "contragosto". O governo considera que o sistema contraria a filosofia que prega a supremacia da aceitação e reintegração dos portadores de deficiência na vida normal. As autoridades argumentam que medidas coercitivas geram efeitos psicológicos negativos para os empregadores, portadores de deficiência e colegas de trabalho.

Por isso, o País possui um conjunto de leis federais, regionais e comunitárias que não fixam cotas, mas sim as regras para se fixar cotas. Para a iniciativa privada não há percentuais legais. As cotas para cada setor da economia são estabelecidas entre representantes do governo, empregadores e empregados (sindicatos), e dentro de um complexo conjunto de medidas auxiliares[42]. Mesmo assim, as cotas só podem ser

(42) Em raros casos, as Resoluções Reais estabelecem cota para subsetores da economia.

preenchidas por pessoas inscritas e assistidas pelos programas dos fundos. Dentre as várias destinações das verbas dos fundos estão os incentivos, subsídios e os bônus aos empregadores que incorporam portadores de deficiência nas suas empresas.

A indenização é alta no caso de dispensa injustificada. Uma lei de 1990 obrigou as empresas a reter por seis meses os trabalhadores que se tornam portadores de deficiência devido a acidentes no trabalho ou doenças profissionais.

Na *França*, a lei requer que órgãos públicos e empresas privadas (com mais de 20 empregados) preencham 6% de seus quadros com portadores de deficiência.

Um aspecto importante diz respeito à flexibilidade da lei em relação às grandes empresas. Nas empresas que possuem mais de um estabelecimento, a cota se aplica a cada um deles. Ademais, estão isentas as empresas que precisam de pessoas que dirijam veículos ou que trabalhem em mineração, construção e pesca (*Grapin* e outros, 1998).

Uma outra flexibilidade diz respeito aos casos de deficiência mais severa que são contatos na base de 1½, 2 e 2½ indivíduos. Da mesma forma, há uma pontuação adicional para os portadores de deficiência que têm menos de 25 e mais de 50 anos, os que recebem treinamento dentro da empresa, e os que são mantidos pelas empresas nos centros de reabilitação profissional por dois anos.

Mas, a maior de todas as flexibilidades está no sistema de contratação. A empresa pode preencher a cota: (a) contratando os trabalhadores diretamente; (b) contratando pessoas que trabalham em entidades de "trabalho protegido"; (c) contratando pessoas que trabalham em casa; (d) ou pagando uma contribuição a um centro de reabilitação. O preenchimento pode ser feito, ainda, combinando-se as várias modalidades[43].

A França possui, assim, o sistema de cota-terceirizada. As empresas podem contratar (e contar na sua cota) portadores de deficiência que trabalham em firmas que prestam serviços à primeira ou que trabalham em instituições de "trabalho protegido". Há, entretanto, uma limitação: o total de trabalhadores contratados por essas vias não pode exceder a 50% da cota da empresa.

Cerca de 63% das empresas pagam a contribuição; 12% contratam toda a cota; 20% contratam uma parte e pagam contribuição para completar a cota; as demais fazem outras combinações. As grandes empresas preferem contratar diretamente ou através de entidades de "trabalho protegido". A maioria das pequenas paga a contribuição. As médias combinam cota com contribuição.

A dispensa de portadores de deficiência é regulada por lei. Não há impedimento para a demissão, mas o aviso prévio, deve ser pago em dobro.

Ao lado do sistema de cota-contribuição, a França possui um conjunto sofisticado de mecanismos complementares para

---

(43) A empresa que não preenche a cota nem recolhe a contribuição, quando autuada pelo Ministério do Trabalho, tem de recolher todas as contribuições devidas, acrescidas de uma multa de 25%.

atender os portadores de deficiência. Desde 1982 funcionam programas compreensivos de estímulos e subsídios para os portadores de deficiência e os empregadores, que contemplam a transferência de recursos dos fundos públicos para as empresas com o objetivo de apoiar a retenção nos empregos. A partir de 1987, as grandes empresas foram estimuladas a desenvolver programas integrados, cobrindo treinamento, reabilitação e retenção. A implantação desses programas desonera as empresas do pagamento da contribuição (*Thornton* e outros, 1998). Além disso, o País possui um sistema de benefícios generosos para os que saem do mercado de trabalho e para os que desejam retornar ou tornarem-se autônomos.

Na *Itália,* mudanças legislativas, a partir de 1992, introduziram um sistema bastante compreensivo de amparo aos portadores de deficiência. O sistema de cotas se aplica às empresas que têm mais de 35 empregados, com exceção das atividades de transporte aéreo e marítimo, assim como os empregados domésticos, aprendizes, militares e gestantes. O percentual fixado é o mais alto do mundo: 15%.

A obediência a essa cota é baixíssima. Os empregadores resistem o quanto podem, e empregam o mínimo possível. O controle é feito por eles mesmos, que devem encaminhar relatórios ao Ministério do Emprego, comprovando o seu desempenho durante o ano. O sistema está em reforma. O governo espera baixar a proporção, reduzir as exceções e melhorar o cumprimento.

O atendimento dos portadores de deficiência na Itália tem alcançado mais sucesso através de outros mecanismos: "trabalho protegido" em entidades especializadas, em especial, de cegos, integração e reintegração de trabalhadores via cooperativas de trabalho e estímulos financeiros às empresas que empregam pessoas com limitações.

Na *Holanda*, o sistema de cotas foi introduzido em 1947. Ele se baseia em um percentual variável de 3% a 7%, ajustado por negociação ao tamanho da empresa e setor de atividade. Os Ministérios do Trabalho e da Previdência Social podem conceder isenções ou reduções nas cotas, dentro de critérios preestabelecidos (*Cuelenaere* e *Prins*, 1998).

A Holanda também conecta o sistema de cotas com o sistema previdenciário. A ênfase maior é na prevenção, e, quando a deficiência ocorre, a atenção se concentra na acomodação e retenção dos portadores de deficiência no trabalho. Há inúmeros mecanismos para apoiar e estimular as empresas a contratar e reter portadores de deficiência.

O sistema de cota-contribuição é também utilizado. Quando a cota não é obedecida, a empresa recolhe uma contribuição ao fundo de amparo à deficiência. Os recursos são usados basicamente na prevenção e reabilitação(44).

Na *Espanha*, desde 1983, está em vigor um sistema de cotas de 3%(45), que é aplicável a toda empresa que possui

---

(44) Até meados de 1999, havia uma proposta no Parlamento da Holanda para atrelar um fundo para amparar e estimular os empregadores a contratar mais portadores de deficiência.

(45) Informações do setor bancário dão conta de que essa cota é de 2% para as empresas com mais de 100 empregados – mas a lei não vem sendo cumprida de forma rigorosa.

mais de 50 empregados[46]. Os que se tornam portadores de deficiência, têm de ser reempregados na mesma empresa, podendo haver, entretanto, uma redução de salário (no caso de mudança de cargo ou função) de, no máximo, 25%, respeitados os pisos profissionais e o salário mínimo.

Não há restrições para a dispensa, mas as empresas que não preenchem a cota legal ou que alocam os portadores de deficiência em postos incompatíveis estão sujeitas a multas que visam evitar a marginalização do portadores de deficiência no trabalho. A Espanha não permite contar na cota de uma empresa os trabalhadores contratados por outras empresas, mesmo que essas empresas se relacionem com a primeira, nem os que trabalham em instituições de "trabalho protegido".

Mas as empresas recebem incentivos e subsídios para empregar portadores de deficiência: ajuda de recrutamento, redução de contribuições previdenciárias, deduções tributárias, recursos para adaptação no trabalho, etc.[47]. O mesmo ocorre com os portadores de deficiência que desejam se capacitar para concorrer e retornar ao mercado de trabalho.

Na *Irlanda*, a cota é de 3%. Mas o sistema se aplica apenas ao setor público. Para as empresas privadas, seguindo os modelos da Inglaterra e dos Estados Unidos, o País preferiu adotar a alternativa das leis antidiscriminação.

---

(46) Segundo uma nova lei, a vigorar a partir de 2001, a Espanha passará para uma cota de 4% aplicável a empresas com mais de 25 empregados.

(47) O setor bancário informa que esses incentivos não são utilizados pelas empresas na prática porque a implementação da lei de cotas é frouxa.

A Lei de Igualdade de Emprego, aprovada em 1996, assegura o livre acesso dos portadores de deficiência ao mercado de trabalho, desde que comprovada a compatibilidade com as atividades a serem desempenhadas, e demonstrada a capacidade do candidato de produzir entre 50% e 80% do que produz um não-portador de deficiência. Há, entretanto, uma flexibilidade interessante nesse caso. A empresa que admite um portador de deficiência de produtividade mais baixa paga o mesmo salário do não-portador, mas recebe o diferencial da produtividade através de um sistema de bônus.

O *Japão* possui um sistema de cota-contribuição que foi reformado recentemente. A Lei da Promoção do Emprego para Portadores de Deficiência, aprovada em 1998, estabelece que toda empresa que possui mais de 56 empregados deve contratar 1,8% do seu quadro de pessoal entre portadores de deficiência. Mas, juntamente com as cotas, funciona um sistema de contribuições acoplado a um sistema de doações às empresas.

Para cada cota não preenchida, a empresa é obrigada a recolher ¥ 50 mil (por mês) para um fundo de apoio aos portadores de deficiência e de doações às empresas. Durante os três primeiros anos, essa importância não será recolhida das empresas que têm menos de 300 empregados.

Por outro lado, para as empresas que têm mais de 300 empregados e ultrapassam a cota de 1,8%, aquele fundo faz uma doação de ¥ 25 mil por empregado (por mês). No caso das empresas que têm menos de 300 empregados, a doação é de ¥ 17 mil por empregado (por mês).

Os recursos recolhidos na forma de contribuição são encaminhados a uma instituição paraestatal, dirigida por portadores de deficiência e profissionais da área, e fiscalizada pelo governo (Associação Japonesa para o Emprego dos Deficientes). Apesar de o sistema ser novo, o montante de recursos dessa instituição é expressivo. Em 1999, só as contribuições geraram cerca de ¥ 23 bilhões (cerca de US$ 200 milhões)! Além disso, a entidade recebeu cerca de ¥ 15 bilhões de outras fontes (JAED, 2000).

Com isso foi possível desenvolver vários projetos junto às empresas para ajudá-las a remover barreiras arquitetônicas, ajustar os móveis e equipamentos, subsidiar salários, promover treinamentos e várias outras atividades. Do lado dos portadores de deficiência, uma grande parte dos recursos foi usada para reabilitação e qualificação profissional.

A *China,* desde 1992, mantém um sistema de cota que varia de 1,5% a 2%, de acordo com as diferentes cidades do País. O preenchimento dessas vagas é feito de maneira bastante regular nos órgãos públicos e nas empresas estatais urbanas, mas de modo frouxo e incipiente no interior do País.

Dentre os países pesquisados na América Latina[48], Brasil e Honduras são os únicos que possuem sistema de cotas legais para as empresas privadas.

---

(48) Argentina, Brasil, Chile, Colômbia, México, Peru e Venezuela. Pesquisa realizada junto às empresas do setor financeiro em 1998-99.

No *Brasil*, a lei estabelece cotas progressivas, que variam de 2% a 5%, de acordo com o tamanho das empresas, e exige que a vaga decorrente da dispensa de um trabalhador portador de deficiência deve ser obrigatoriamente preenchida por outro trabalhador portador de deficiência. Até o fechamento deste livro (setembro de 2000), o Brasil não possuía sistema de cota-contribuição.

Mais especificamente, a lei brasileira prevê uma reserva de mercado, para empresas que têm 100 empregados ou mais, que é garantida dentro da seguinte escala: I — empresas de 100 a 200 empregados, devem contratar 2% de portadores de deficiência; II — de 201 a 500 empregados, 3%; III — de 501 a 1.000, 4%; IV — mais de 1.000, 5%.

A lei brasileira prevê ainda inúmeras ações voltadas para o atendimento dos portadores de deficiência, a saber, prevenção, estimulação precoce, habilitação, reabilitação, formação profissional, acesso ao mercado de trabalho, geração de renda, residências e lares, abrigos de proteção, atendimento no domicílio, aconselhamento e acolhimento, defesa de direitos, locomoção e acessibilidade, ajudas técnicas e várias outras atividades que fazem parte do conteúdo programático da Secretaria de Assistência Social do Ministério da Previdência e Assistência Social (*Candido da Silva*, 1998). Mas, a distância entre o prescrito pela lei e o praticado na realidade é enorme (ver Capítulo 3).

Em *Honduras*, também há cotas obrigatórias, que devem ser seguidas pelas empresas do setor privado com base nos seguintes percentuais: I — empresas com menos de 20 empregados, isentas; II — empresas de 20 a 49 empregados, um portador de deficiência; III — 50 a 74, dois; 75 a 99, três; 100 ou mais, quatro para grupo de cem empregados. Também em Honduras o cumprimento dos mandamentos legais é bastante limitado.

As reservas de mercado e o sistema de cotas não existem na Argentina(49), Chile, Peru, Venezuela e México. Da mesma maneira, a legislação desses países não apresenta nenhum impedimento ou restrição para a dispensa de portadores de deficiência.

Vários países latino-americanos, entretanto, possuem cotas para o setor público. Na Argentina, a Lei n. 22.431/81 obriga todos os órgãos públicos da cidade de Buenos Aires a admitir e manter em seus quadros 1% de portadores de deficiência. Na Venezuela, a proporção sobe para 2%; e no Uruguai, para 4%.

Na América Latina, muitos países têm previsão para incentivos ao setor privado. Por exemplo, na Argentina, a Lei n. 24.465/95 reduziu em 50% as contribuições previdenciárias dos empregadores que contratam portadores de deficiência(50). No México, a Lei dos Portadores de Deficiência, aprovada em 1995, criou vários estímulos para os empregadores que admi-

---

(49) As leis argentinas estabelecem uma cota de 1% para o serviço público da cidade de Buenos Aires (*Alves*, 1992; *Linares*, 1998).

(50) A Lei n. 13.926/50 abriu linhas de créditos junto aos bancos para financiamento de adaptações realizadas pelas empresas para contratar portadores de deficiência.

tem portadores de deficiência. No Peru, a Lei n. 23.285/82 concede benefícios tributários. Na República Dominicana, as empresas têm reduções fiscais quando participam de planos de admissão de portadores de deficiência aprovados pelo governo (*Linares*, 1998). A implementação desses mecanismos, na prática, é débil.

2. Países que Rejeitam Cotas

No plano mundial, há vários países que se mantiveram afastados das cotas. Esse sistema nunca prosperou, por exemplo, na Dinamarca, Suécia (*Karlsson*, 1998), Finlândia (*Duckworth* e outros, 1998), Estados Unidos (*O'Leary* e *Dean*, 1998), Canadá (*Gunderson* e outros, 1998), Nova Zelândia (*Pernice* e *Lunt*, 1998)[51] e Austrália[52].

Nesses países argumenta-se que a simples existência de cotas é indicativa de que os portadores de deficiência não têm condições de competir no mercado de trabalho. Esse fato constituiria uma forma perversa de discriminação que, no final das contas, forçaria os empregadores a contratar por piedade ou para evitar punição. Nos países citados, argumenta-se ser im-

(51) Em 1986, a Nova Zelândia realizou uma ampla avaliação dos sistemas de cotas existentes no mundo. O estudo chegou à conclusão de "não haver evidência de que o sistema de cotas tenha alavancado o emprego de portadores de deficiência nos países onde foi implantado" (*Rendall*, 2000). Por essa razão, a Nova Zelândia decidiu não adotar o sistema.

(52) A Austrália realizou uma série de reformas legislativas a partir de 1992, quando o Parlamento aprovou o "Disability Discrimination Act", lançado no ano anterior na Inglaterra. As novas medidas visam ajudar os portadores de deficiência a ganhar qualificação e persuadir os empregadores, inclusive com incentivos e subsídios, para empregar portadores de deficiência de boa produtividade.

possível legislar para garantir cotas para portadores de deficiência, sem garantir o mesmo direito para outros grupos minoritários. Na verdade, cada país tem seus motivos para não adotar e os seus substitutos para as cotas.

Na *Dinamarca*, por exemplo, inexistem as cotas, mas funciona um sistema de acesso preferencial dos portadores de deficiência em determinadas profissões e atividades. Nos órgãos paraestatais (de vários níveis), sempre que 50% ou mais da folha de salários são pagos com recursos públicos, em condições de igualdade de competência, a lei obriga dar preferência aos portadores de deficiência.

Esta regra tem se revelado de difícil aplicação. Para compensar esse problema, a Dinamarca implementa inúmeros programas de apoio às empresas, no sentido de estimulá-las a empregar portadores de deficiência. Os dados de pesquisa têm revelado resultados mais promissores com estes programas do que com o sistema de preferência (*Thornton* e outros, 1998).

Na *Suécia*, as políticas são bastante compreensivas. Não existe nenhum sistema de cotas. Mas as exigências sobre as empresas são fortes. Espera-se delas um esforço genuíno para apoiar e integrar os portadores de deficiência no trabalho. Várias leis garantem recursos financeiros e técnicos para os empregadores fazerem a acomodação, proteção, retenção e promoção dos portadores de deficiência.

Em *Portugal* inexiste sistema de cotas. Não há nenhuma política de admissão ou demissão específica para os portadores de deficiência. Mas a lei não permite a sua dispensa sem justa causa. No campo da negociação, porém, a situação é outra. Há inúmeros contratos coletivos que estabelecem cotas. O setor bancário, por exemplo, é presidido por um contrato coletivo de trabalho que prevê uma cota de 2% para portadores de deficiência física.

Em Portugal há também vários mecanismos de apoio financeiro às empresas. Por exemplo, a contribuição à previdência social é reduzida pela metade (12,5%) na contratação de portadores de deficiência. No caso de contrato por prazo determinado, ou para trabalhos em casa, há reduções ainda maiores nas alíquotas das contribuições previdenciárias e outros impostos.

Na *Inglaterra*, o sistema de cotas foi abandonado em 1995(53). Atualmente, os programas de apoio aos portadores de deficiência se baseiam na lei antidiscriminação (Disability Discrimination Act), aprovada naquele ano. As empresas são obrigadas a fazer um esforço para acomodar portadores de deficiência que demonstram condições de exercer um trabalho com produtividade razoável. Para dar vida a esse sistema, há inúmeras instituições e mecanismos de apoio financeiro,

---

(53) Em 1995, a Inglaterra substituiu o sistema de cotas pelo sistema antidiscriminação, nos moldes do modelo americano baseado no American with Disabilities Act, de 1990. A Suécia está preparando uma legislação de mesma natureza. Emendas constitucionais foram introduzidas na Alemanha, França e Finlândia com vistas a proibir a discriminação de portadores de deficiência. O princípio da não-discriminação foi aprovado em 1997, na Reunião de Amsterdã, o que vale como recomendação para todos os países da União Européia.

inclusive incentivos e subsídios aos empresários que contratam portadores de deficiência.

Nos *Estados Unidos*, os programas atuais também se baseiam em uma lei antidiscriminação (ADA — Americans with Disabilities Act), aprovada em 1990. Inúmeros programas e incentivos complementam o mandamento legal. Mas os seus efeitos ainda são dúbios. A maioria das pequenas e médias empresas americanas continua evitando contratar portadores de deficiência. São raras as que possuem políticas claras de recrutamento, monitoramento e avaliação de pessoas com limitações. Os sinais são um pouco mais promissores no caso dos portadores de deficiência física. Mas o quadro de perplexidade em relação aos portadores de deficiência mental não mudou quase nada em dez anos de vida da lei (ADA)[(54)]. O que aumentou bastante foi o número de conflitos. Os resultados nesse campo levaram *Gary Becker* a fazer os seguintes comentários no início de 1999:

> "O litígio não é o melhor método para se evitar a discriminação. A vagueza de conceitos no ADA tem estimulado muitos advogados a levar casos ridículos aos tribunais em busca de generosas indenizações, tais como os episódios de stress, obesidade, alcoolismo, e vários outros para os quais é difícil a mensuração objetiva do que tem levado muitos empresários a evitar recrutar os verdadeiros porta-

---

(54) Muitos argumentam não ter havido tempo suficiente para uma virada no quadro de admissão e permanência de portadores de deficiência, pois a lei ADA foi aprovada em 1990, entrando em operação em 1994. Na prática, a maioria das empresas passou a estar sujeita a essa lei apenas em 1994.

dores de deficiência. De fato, as pesquisas mostram que o número de portadores de deficiência no mercado de trabalho não cresce porque as empresas americanas, com raras exceções, mantém os portadores de deficiência que já estavam empregados antes da ADA, evitando recrutar novos empregados" (*Becker*, 1999).

Em vários aspectos, a ADA passou a assustar os empregadores. A referida lei, por exemplo, proíbe o empregador de ministrar exames médicos como requisito admissional. Aliás, o empregador americano não tem sequer o direito de indagar sobre a saúde pregressa do candidato[55]. A única coisa que lhe é facultado é se, na opinião do próprio candidato, ele é capaz de realizar a tarefa que terá de fazer.

A junção de todos esses fatos levou muitos economistas a considerar que o ADA está mais prejudicando do que ajudando os portadores de deficiência nos Estados Unidos (*Becker*, 1999). Do total de reclamações contra atos de discriminação recebidas pelo o EEOC (Equal Employment Opportunity Comission), só 10% se referem a problemas com portadores de deficiência e, destes, uma pequena parcela tem chegado a resultados favoráveis para os reclamantes, depois de um longo tempo e grandes despesas para fazer tramitar os processos. É isso que tem levado aquela agência, nos últimos anos, a adotar práticas alternativas de resolução de conflitos, dentre elas, a mediação (EEOC, 1999).

---

(55) Em contraste, a lei brasileira obriga os empregados a se submeterem a exames admissionais para apuração da sua condição de saúde e da sua "capacidade ou aptidão física e mental para a função que deve exercer" (CLT, artigo 168, parágrafo 2º).

Como se vê, os países estão bastante divididos quanto à adoção do sistema de cotas para facilitar a inserção e reinserção de portadores de deficiência no mercado de trabalho. O próximo capítulo apresenta uma avaliação da eficiência e eficácia desse sistema nos países que o adotam.

Capítulo 7

Avaliação do Sistema de Cotas

Nos países desenvolvidos que o adotam, o sistema de cotas é apenas uma peça de um complexo enredo de leis, instituições, programas e incentivos econômicos para facilitar o trabalho dos portadores de deficiência.

Embora o sistema de cotas persista em vários países da Europa, nota-se uma forte inclinação de mudança na sua filosofia, com uma tendência clara em direção ao tripé que combina leis antidiscriminação, sistemas de cotas e esquemas de contribuição e terceirização — dentro do conceito de "rede de apoio".

A rede de apoio é uma articulação de instituições formais e não-formais que atuam no sentido de educar, formar, reabilitar, informar, intermediar e criar estímulos para inserir, reter e recolocar os portadores de deficiência no mercado de trabalho da maneira menos traumática possível e, uma vez dentro dele, assisti-los com amparo técnico, psicológico, econômico e social.

Não é necessário formalizar demais e nem mesmo ter um organograma sofisticado das instituições que as compõem, e, muito menos, uma superburocracia para administrar as redes. Na verdade, a rede é uma construção social da realidade que já possui essas instituições, todas elas voltadas para transformar os obstáculos em possibilidades de trabalho (*Ubiria, Cardozo* e *Ganzo*, 1998).

O objetivo final das redes de apoio é o de garantir aos portadores de deficiência uma oportunidade de construir suas vidas da maneira mais próxima possível à dos não-portadores. Isso envolve inúmeras atividades: reabilitação médica, educação, treinamento, equipamentos, habilidades profissionais, serviços especializados, disposição de empregar, tolerância no ambiente de trabalho, etc.

Em outras palavras, a integração e reintegração de um portador de deficiência no trabalho depende da capacidade e boa vontade de um grande número de atores que têm de investir tempo, dinheiro, esforço e compreensão. Medidas tópicas e isoladas estão longe de conseguir mobilizar a enorme sinergia que se faz necessária nesse complexo desafio.

No mundo desenvolvido, o relacionamento entre empregadores e Estado passa por modificações. De um modo geral, aumenta a responsabilidade dos empregadores na medida em que diminui a do Estado no atendimento às necessidades dos portadores de deficiência.

O que caracteriza a nova situação é a redefinição dos papéis do Estado e da empresa. Na maior parte dos países, surge uma nova divisão do trabalho, na qual o Estado cria as condições básicas (para a inserção das pessoas com necessidades especiais nas atividades produtivas), e os empregadores, em particular, e o mercado de trabalho, em geral, realizam essa inserção.

Aos empregadores é oferecida uma ampla variedade de formas de colaborar — além de empregar e pagar contribuições. A articulação das empresas entre si, e com entidades de e para portadores de deficiência, flexibiliza a ação do setor privado no campo social e viabiliza mecanismos de grande eficiência, que, isoladamente, estão fora do seu alcance imediato.

A flexibilidade é a marca das mudanças. O que se busca é criar condições para que cada um colabore dentro da sua realidade. Cotas isoladas, que se aplicam a todas as empresas, sem exceções e sem estímulos, estão saindo de moda. Em seu lugar entram as cotas articuladas com contribuições, prêmios, subsídios e benefícios.

Esquemas muito rígidos para recrutar, e demasiadamente severos para punir, tendem a estigmatizar os portadores de deficiência, razão pela qual vêm sendo gradualmente substituídos por sistemas baseados no voluntarismo e na educação. Mais importante do que isso é prover condições de trabalho que se adaptem às necessidades dos portadores de deficiência como, por exemplo, a subcontratação, o tempo parcial, a jornada flexível, o teletrabalho e outras.

Nesse processo de mudança estão formas mais sofisticadas, que atrelam os programas de promoção laboral de portadores de deficiência com a flexibilização do trabalho e com programas que envolvem ONGs, Previdência Social, seguradoras privadas e empresas (ver Capítulo 5).

A controvérsia em torno de cotas tende a prosseguir. Os empregadores, em geral, se opõem ao sistema, enquanto as entidades de e para portadores de deficiência vêem nele a melhor maneira de ajudá-los. As pesquisas mostram, porém, que, em todos os países onde há cotas, o sistema vem perdendo a sua centralidade dentro das redes de apoio aos portadores de deficiência.

Os países desenvolvidos praticam cada vez mais as chamadas "políticas compreensivas", que incluem atividades bem articuladas, para inserir e reter os portadores de deficiência no mercado de trabalho: reabilitação médica, reabilitação profissional, preparação para o trabalho, serviços de colocação, apoio à adaptação no mercado de trabalho, incentivos aos empregadores, sistemas de cota-contribuição e cota-terceirizada (explicadas nas próximas seções), apoio a programas de modificação de arquitetura e equipamentos, etc. Essas atividades complementares têm sido mais importantes do que cotas implantadas isoladamente.

Os sistemas de cotas seduziram os governantes que superestimaram o poder da lei. A realidade mostra, porém, que o impacto positivo dos sistemas de cotas, em si, é reduzido (*Momm*, 1998). A simples imposição de uma obrigatoriedade não garante que ela seja cumprida, e muito menos que as empresas venham a oferecer, de bom grado, condições condignas de trabalho para os portadores de deficiência.

Até hoje, não se conseguiu nenhuma eficiência com reservas de mercado e regulação compulsória do emprego, a menos que atividades complementares (e bem articuladas) sejam realizadas, monitoradas e avaliadas com rigor e com uma intensa participação das entidades de e para portadores de deficiência.

Foram os fracos resultados das "cotas-solitárias" (usadas isoladamente) que levaram a Inglaterra, por exemplo, a abandonar o sistema, e a Alemanha e França a acoplar cotas a contribuições compensatórias, destinadas aos fundos de apoio para os portadores de deficiência.

O sistema de cotas tem pouca eficiência quando a empresa não quer ou não pode admitir portadores de deficiência. Os mais variados subterfúgios, inclusive legais, são usados para evitar a contratação. Algumas empresas contratam advogados para apresentar argumentos sofisticados que justifiquem a não-contratação. Outras, mais pragmáticas, simplesmente elevam os requisitos de qualificação para o preenchimento da vaga em aberto. Com isso, elas restringem de modo considerável o número de portadores de deficiência que podem se candidatar àquele posto de trabalho.

Dentro dessa estratégia, as empresas podem enviar às autoridades do trabalho os perfis ocupacionais desejados, deixando para estas a tarefa de constatar a inexistência de candidatos habilitados para aquelas funções. O que podem as autoridades fazer para "forçar" as empresas a contratar o que elas não precisam?

Ademais, uma empresa pode estar com o seu quadro de pessoal completo, não havendo necessidade de mais funcionários. Nesse caso, para contratar um portador, ela teria de despedir um não-portador de deficiência. Isso instalaria um sério conflito entre os empregados da empresa e os candidatos aos seus postos de trabalho.

Nesse conflito, a empresa ficaria de fora, podendo alegar, simplesmente, não querer prejudicar empregados antigos e bem entrosados em favor de novos que ela não conhece. Estariam as autoridades dispostas a assumir o ônus da dispensa para a empresa contratar portadores de deficiência em vagas que não existem?

Na legislação brasileira há ainda o problema da reposição de portador por portador no caso de dispensa. Uma empresa pode eventualmente encerrar ou mudar a sua atividade principal, estabelecer-se em outro local ou entrar em um novo ramo de negócios — passando a exigir um quadro de pessoal com qualificação diferente da anterior.

Quando isso atinge um grupo de não-portadores de deficiência, a empresa os demite, pagando todos os seus direitos trabalhistas e contratando outros que possuam as novas qualificações.

No caso dos portadores de deficiência, porém, para cada demissão, a empresa terá de fazer uma admissão — mesmo que não haja vaga na nova situação. Isso nem sempre é factível de imediato. Trata-se de uma operação complexa e conflitiva e que, no mínimo, leva tempo e exige um nível de flexibilidade que a lei atual não oferece. Como ajustar, sem traumas, a "compulsoriedade eterna" em uma realidade em mudança?

Diante da possibilidade de as empresas encerrarem certas atividades ou até mesmo mudarem de ramo, setor e localização — o que é muito comum nos dias atuais —, essa compulsoriedade de substituição imediata constitui um sério obstáculo para as primeiras contratações. Muitos empresários, temendo gerar um passivo trabalhista expressivo a partir das primeiras contratações de portadores de deficiência, desenvolvem as mais sofisticadas estratégias de não-contratação.

Em suma, o sistema de cotas só amplia a contratação quando é flexível e quando é combinado com outros mecanismos de estimulação junto às empresas, como indicado nos capítulos 4 e 5, e quando é bem articulado com os sistemas de cota-contribuição e cota-terceirizada.

1. O Sistema de Cota-Contribuição

O sistema de cota-contribuição parte do princípio de que a sociedade como um todo e as empresas como parte dessa sociedade têm uma responsabilidade inalienável de criar condições favoráveis para os cidadãos que, por nascença, doença ou acidentes, têm limitações para construir suas vidas com base no trabalho.

Ou seja, é dever da sociedade criar o melhor ambiente possível para o trabalho dos portadores de deficiência qualificados, da mesma forma que é dever das empresas remover as barreiras que impedem o exercício de suas habilidades.

No sistema de cota-contribuição, a obrigação mais alta das empresas é oferecer oportunidades de trabalho. Mas, quando isso é (total ou parcialmente) impossível, essas empresas ficam obrigadas a recolher uma certa importância para uma instituição específica, como compensação à parcela da cota legal não preenchida.

Além disso, o mesmo sistema premia as empresas que ultrapassam suas cotas ou que admitem pessoas que possuem deficiências mais severas. Em outras palavras, o sistema tem um braço implementador e outro gratificador.

O sistema de cota-contribuição merece consideração. A contribuição é feita como última alternativa, pois a prioridade mais alta é integrar os portadores de deficiência no mercado de trabalho. Nos países que adotam o sistema, há uma firme determinação de evitar que os empregadores "comprem" a dispensa de sua responsabilidade social[56]. Por isso, cotas e contribuições funcionam de forma articulada. Primeiro, procura-se assegurar o preenchimento das cotas. Depois, recolher as contribuições.

O que se faz com os recursos das contribuições? Estes são, em parte, reinjetados no mercado na forma de estímulos às empresas para preencher cotas não preenchidas ou para ultrapassarem cotas já preenchidas. Ou seja, uma parte do dinheiro das contribuições é usada para ajudar as empresas a remover barreiras e viabilizar contratações. É a estimulação da demanda.

---

(56) Na Alemanha, os empregadores estão terminantemente proibidos de se isentar da obrigação de empregar a cota. Isso é permitido apenas em casos muito bem justificados. Na França, a contribuição é paga depois de esgotadas todas as possibilidades de emprego.

Além disso, uma parcela expressiva dos recursos é destinada às entidades de e para portadores de deficiência (e instituições educacionais) para investimentos na melhoria da qualidade do seu trabalho, envolvendo uma grande variedade de atividades, desde a educação, passando pela reabilitação e chegando à profissionalização. É a estimulação da oferta.

A utilização dos recursos das contribuições, a proporção, destinação e administração variam de país para país.

Na Alemanha, por exemplo, o sistema de cota-contribuição não é usado como instrumento de coerção. Ao contrário, é utilizado como um mecanismo de equalização. As contribuições pagas por empresas que não preenchem suas cotas são redistribuídas, de acordo com as necessidades, para as empresas que ultrapassam as cotas (como prêmios); para remover barreiras das que ainda não preencheram sua cota; e para qualificar portadores de deficiência em instituições idôneas.

Na França, a distribuição é a mesma, tendo como adicional a articulação do sistema de cota-contribuição com o de cota-terceirizada (ver explicação na próxima seção).

No Japão, os recursos são usados para promover a responsabilidade coletiva, qualificar portadores de deficiência, cobrir os custos das empresas que empregam portadores de deficiência e premiar as que ultrapassam a cota legal.

No que tange à eficiência e eficácia da destinação dos recursos desses recursos, os sistemas que apresentam melhores resultados são os que canalizam as contribuições para nichos de mercado comprovadamente estratégicos para o emprego do portador de deficiência, a saber, empresas que, com pequena ajuda, passam a contratar mais do que contratavam; empresas articuladas com instituições de habilitação e reabilitação; empresas articuladas entre si (através de terceirização entre empresas, ou seja, subcontratação, trabalho por projeto, teletrabalho, etc.); e instituições de "trabalho protegido" (destinadas aos casos mais severos).

Na década de 1990, 55% dos recursos das contribuições na Alemanha foram destinados para: a) atividades realizadas pelas empresas e que criaram, efetivamente, mais oportunidades de trabalho; e b) para as entidades que realizaram programas eficientes de reabilitação de portadores de deficiência. Os outros 45% foram para instituições (públicas e privadas) que se dedicam à recuperação, profissionalização e inserção de portadores de deficiências no trabalho.

Na França, 50% dos recursos recolhidos na forma de contribuição empresarial voltam para as próprias empresas como estímulo à incorporação de portadores de deficiência nos seus ambientes de trabalho; o restante é direcionado para as instituições especializadas na qualificação, habilitação e reabilitação das pessoas.

Nesses países, aos governos cabe o papel de garantir um ambiente propício para que essas atividades venham a ser desenvolvidas e sirvam de base para viabilizar sistemas de cotas e contribuições. Mas os portadores de deficiência não podem perder o controle dos recursos provenientes das contribuições.

Sempre que possível, as suas entidades assumem a administração desses recursos, ainda que a fiscalização fique a cargo do Estado. O Brasil tem dado mostras, com o FGTS, FAT e outros fundos, de que o predomínio da ação governamental cria desequilíbrios incontroláveis que, muitas vezes, redundam em desvios na utilização dos recursos. Isso não pode se repetir na eventualidade de o país adotar o sistema de cota-contribuição. O exame dos mecanismos existentes na Alemanha, França e Japão pode servir de base para se evitar esse risco.

A utilização do sistema de cota-contribuição reduz a responsabilidade do sistema de cotas-isoladas, gera recursos para melhorar a situação do lado da oferta (os portadores de deficiência a serem contratados) e cria estímulos para o lado da demanda (as empresas contratantes). Essa articulação é importante pois, de certa maneira, conduz as empresas a se interessarem mais pela participação daquelas pessoas em suas atividades.

Os numerosos aspectos práticos do sistema de cota-contribuição devem ser objeto de regulamentação específica e após uma negociação que conte com a participação direta dos portadores de deficiência e de suas organizações, assim como dos empresários que, em última análise, serão os contratantes dos trabalhadores.

Por isso, o Autor tem insistido para se reconsiderar o atual sistema de cotas do Brasil, não para revogá-lo, mas para aperfeiçoá-lo, através da combinação com outros mecanismos (*Pastore*, 2000a; 2000b), em especial, os que removam, de maneira efetiva, as barreiras que dificultam a entrada e permanência dos portadores de deficiência no mundo do emprego e no mundo do trabalho — tudo com a maior participação possível dos próprios portadores de deficiência como, aliás, recomenda a "Carta para o Terceiro Milênio", aprovada em Londres, no dia 9 de setembro de 1999 e ratificada pelo Congresso Mundial da "Rehabilitation International" realizado no Rio de Janeiro no ano 2000:

> "As pessoas com deficiência devem ter um papel central no planejamento de programas de apoio à sua reabilitação; e as organizações de pessoas com deficiência devem ser supridas com os recursos necessários para compartilhar a responsabilidade no planejamento nacional voltado à reabilitação e à vida independente" (Rehabilitation International, 2000).

Antes de continuar, convém adiantar que a contribuição das empresas no caso do não-preenchimento das cotas legais não deve ser interpretada como um novo encargo social. Nos dois casos há despesas e custos envolvidos, é verdade. Mas a sua natureza é diferente.

Analisemos essa diferença através de um exemplo. Para qualquer trabalhador, portador ou não-portador de deficiência, é perfeitamente viável, digamos, negociar e trocar o abono de férias por outro benefício e, em casos extremos, pela manutenção do emprego. Por isso, esse tipo de encargo social poderia ser negociável — e não compulsório como é na legislação atual.

Mas, para um portador de deficiência qualificado, que deseja e precisa trabalhar, inexiste a possibilidade de trocar o trabalho pelo não-trabalho. Como ele é parte da sociedade, e não tem culpa de ter a limitação que tem, compete a essa sociedade colaborar para o seu ajustamento no mercado de trabalho.

Cada sociedade escolhe a sua maneira de promover a referida inserção. Algumas repudiam cotas e seguem a trilha do direito civil que pune os atos de discriminação. Outras optam por cotas, e chamam as empresas para ajudar na admissão de pessoas qualificadas que têm necessidades especiais. Mas em todas elas há a previsão de mecanismos facilitadores para as pessoas que requerem certas condições para trabalhar.

Essa facilitação, porém, não pode ser exercida de uma só maneira e muito menos por meio de leis solitárias e descoladas de programas concretos de qualificação, inserção e retenção no mercado de trabalho. Os estudos mostram que nas sociedades em que há sistema de cotas nem sempre a cota legalmente determinada pode ser preenchida. Nesse caso, o mecanismo de cota-contribuição permite às empresas exercerem a sua responsabilidade social de outra maneira — pagando pela não-contratação.

A contratação, todavia, é a responsabilidade número um da empresa. É só no caso da impossibilidade demonstrada que a empresa passa a cumprir a responsabilidade número dois, ou seja, a de contribuir para o aprimoramento dos não-contratados e para a viabilização de projetos empresariais que eliminem as barreiras atuais e ampliem as oportunidades de inserção — a cota-contribuição.

É importante notar que o sistema de cota-contribuição tem um forte efeito na contratação. Ao se manipular o preço da não-contratação, a contribuição e a contratação tornam-se interligadas. Toda vez que o preço de uma das alternativas é muito alto, a empresa é levada a passar para a outra. Ou seja, quando a não-contratação custa mais caro do que a contratação, as empresas são estimuladas a remover as barreiras e partir para a contratação.

O sistema de cota-contribuição faz uma interligação construtiva entre a oferta e a demanda, na medida em que atende as necessidades dos portadores de deficiência (no campo da qualificação) e as necessidades das empresas (na remoção de barreiras).

Para a viabilização desse sistema integrado, é de grande utilidade a parcela de recursos que é injetada nas entidades de e para portadores de deficiência, nas escolas, centros profissionais e demais instituições que cuidam da qualificação. Da mesma forma, é estratégica a parcela que é encaminhada às próprias empresas para ajudá-las a eliminar os obstáculos físicos e sociais e providenciar as necessárias adaptações.

O Brasil optou pelo sistema de cotas isoladas — e, para as grandes empresas, cotas altas. Isso já faz parte do repertório institucional do País e da cultura do garantismo legal que ainda predomina entre nós. É difícil abandonar esse sistema. Mas ele pode ser aperfeiçoado, dando-lhe mais eficácia no seu propósito fundamental que é o de ampliar as oportunidades de trabalho para os portadores de deficiência.

O Autor tem estimulado a discussão do sistema de cota-contribuição como um dos aperfeiçoamentos viáveis para o quadro brasileiro. Até o fechamento deste livro, (setembro de 2000), o tema mantinha-se controvertido. Constata-se, porém, uma ampliação do número dos que entendem que, com base na cota-contribuição, as empresas ficam com duas alternativas (não conflitivas). As que têm vagas adequadas à oferta e que podem fazer as adaptações, contratam. As que não têm vagas ou não podem fazer as adaptações, pagam pela não-contratação. O exame adequado dessa idéia pode gerar novos dispositivos legais para realizar a desejada ampliação das oportunidades de trabalho.

O sistema de cota-contribuição tem ainda a vantagem de aliviar a tarefa das autoridades na fiscalização e punição das empresas que não cumprem cotas, o que libera recursos para outros investimentos nessa área. Como vantagem adicional, isso tende a reduzir o potencial de conflitos, eliminando uma verdadeira indústria de ações judiciais que pode surgir no Brasil. E, por cima de tudo, torna as leis do Parlamento ajustadas às leis de mercado de trabalho. Para as empresas, não haveria mais desculpas ou necessidade de criar subterfúgios: ou contratam, ou pagam.

Um sistema desse tipo, além de motivar os empresários, ajuda a formar um ambiente para condutas pragmáticas. Como ninguém está disposto a perder dinheiro ou gastar o que pode ser economizado, os empresários passariam a se preocupar com as medidas que viabilizam a contratação de portadores de deficiência, saindo da posição (atual) de defesa e assumindo uma postura construtiva. Em outras palavras, eles passariam a perseguir aquilo que maximiza os seus interesses e os interesses dos portadores de deficiência, em direção da convergência do jogo de ganha-ganha.

2. O Sistema de Cota-Terceirizada

Mas, o sistema de cota-contribuição também é insuficiente para ampliar as oportunidades de trabalho no mundo atual. No caso brasileiro isso é ainda mais difícil porque a legislação amarrou a contratação dos portadores de deficiência à mais difícil modalidade de trabalho nos dias atuais — o emprego, com vínculo empregatício, e diretamente ligado à empresa contratante.

Como já foi mencionado, no mundo inteiro assiste-se a um encolhimento do emprego fixo, de longa duração e salário predeterminado, e uma expansão acelerada de novas modalidades de trabalho, incluindo-se aqui o trabalho por projeto (que tem começo, meio e fim), o trabalho por tarefa, a subcontratação, a terceirização, o teletrabalho, *o telecommuting* e várias outras formas de trabalho intermitente, sem vínculo empregatício.

Embora a legislação brasileira para os portadores de deficiência contemple essas modalidades de trabalho, o mecanismo de cotas se restringe exclusivamente ao vínculo empregatício direto. Além disso, fixa um percentual por empresa e não por estabelecimento — o que impõe sobre as grandes empresas, cotas elevadas, e de difícil contratação direta por vínculo empregatício regulado pela CLT. Pela lei, 2.142 empresas (que têm mais de 1.000 empregados) devem contratar 306.891 portadores de deficiência, enquanto que 23.321 empresas (que têm de 100 a 1.000 empregados) devem admitir 184.070 portadores de deficiência.

Ao atrelar o sistema de cotas ao vínculo empregatício, o legislador escolheu a mais difícil maneira de contratação no mundo atual. A tendência da empresa moderna é contratar pessoas, com e sem limitações, que gravitam em órbitas periféricas, trabalhando em outras empresas ou por sua própria conta. Todavia, o trabalhador autônomo, cooperado, "freelancer", por tarefa, por projeto, domiciliar, etc., pela lei, não pode ser contado na cota da empresa contratante.

Ou seja, o que a empresa faz normalmente e de maneira crescente com os não portadores de deficiência, ela não pode fazer com os portadores de deficiência. Para estes, a lei restringiu a cota ao emprego direto.

Para quem acompanha a dinâmica do mercado de trabalho no Brasil e no mundo, trata-se de uma corrida contra o fluxo da história. O quadro seria bem diferente se as pessoas que colaboram com as empresas, sob todas as modalidades de trabalho, pudessem ser incorporadas nas suas cotas.

Aliás, muitas instituições de e para portadores de deficiência, que se dedicam à educação e qualificação, já possuem quadros de pessoal (com registro em carteira) e, com eles, realizam contratos com empresas às quais essas pessoas prestam serviços de maneira intermitente ou contínua. Isso tem permitido inserir um certo número de portadores de deficiência no mercado de trabalho.

O Projeto de Lei já mencionado e de autoria do Poder Executivo (PL 2.222/99), no fechamento deste livro (setembro de 2000), estava em discussão no Senado Federal, onde recebeu o número PLS 44/00. Em torno dele, abriu-se um novo debate, sobre a possibilidade de se contabilizar nas cotas das empresas contratantes os portadores de deficiência que vierem a ser contratados através de entidades beneficentes.

Se a nova lei vier a permitir essa alternativa de contagem (o que estava impedido na versão original do PL 2.222/99), o número de portadores de deficiência contratados no mercado de trabalho poderá aumentar muito. A abertura dessa alternativa estimularia um grande número de empresas a realizar tais contratos. Mesmo sem ter o sistema de cota-contribuição, o Brasil estaria implantando, assim, o sistema de cotas-terceirizadas.

É verdade que, para essa modalidade de contratação, os controles são mais complexos. Há riscos de deturpação. Um deles é o da institucionalização dos portadores de deficiência nas entidades a que pertencem. Outro é a mera contratação contábil por parte de empresas que assinam o contrato com as entidades beneficentes, dispensando o trabalho dos portadores.

Mas nada é mais complexo, desumano e oneroso do que deixar os portadores de deficiência fora do mercado de trabalho ou permitir a sua inserção unicamente como "empregados diretos", uma categoria de difícil contratação. Medidas de controle podem ser implementadas para reduzir os riscos e evitar os abusos, e isso será tanto mais eficaz quanto maior for a participação conjugada, através de mecanismos de co-responsabilidade, compartilhados pelas empresas contratantes e entidades de e para portadores de deficiência.

Alguns países limitam a 50% a contagem na cota da empresa contratante quando a contratação de portadores de deficiência é feita através de entidades beneficentes de assistência social. Outros países regulamentam essa contratação de modo que as empresas contratantes e as entidades contratadas ficam responsáveis pela não-institucionalização dos portadores de deficiência.

Sempre há o risco de empresas contratantes e entidades contratadas (inescrupulosas) fazerem "acordos de gaveta" para praticar a institucionalização, abusar do trabalho dos portadores de deficiência ou até mesmo de contratar pessoas inexistentes (contratação fantasma). Para o Estado fica a tarefa de identificar e punir os eventuais conluios entre as partes e, com isso, reduzir o risco dos desvios de conduta.

Mas, a terceirização através de empresas que contratam portadores de deficiência pertencentes a entidades beneficentes não é a única forma de se utilizar o sistema de cotas-terceirizadas nem a melhor alternativa.

Há inúmeras outras maneiras, com menor risco, para ampliar as oportunidades de trabalho dos portadores de deficiência através da terceirização. Uma das mais saudáveis é a terceirização que é feita entre empresas. Nesse caso, uma empresa, além de contratar diretamente uma parte do que lhe cabe, conta em sua cota (total ou parcialmente) os portadores de deficiência que trabalham em empresas integrantes de sua cadeia produtiva. Dessa forma, os portadores de deficiência se inserem no mercado regular nas duas pontas: diretamente, quando contratados pela primeira empresa; e, indiretamente, quando trabalhando nas demais empresas da cadeia — afastando-se, assim, o risco de institucionalização, isolamento ou confinamento.

Nos dias atuais, as empresas estão passando para fora todas as atividades que não dizem respeito ao núcleo central do seu ramo de negócios ("core business"). No Brasil, as indústrias e os bancos ilustram esse movimento de transferência. No passado, tais empresas mantinham em seus quadros uma série de profissionais que nada tinham a ver com as atividades industrial ou bancária, como são os casos dos cozinheiros, garçons, padeiros, vigilantes, pintores e inúmeros trabalhadores que cuidam da manutenção das instalações e equipamentos.

Atualmente, todas essas atividades são subcontratadas de fora para dentro. Por isso, muitos empregos que eram contados como industriais ou bancários hoje têm de ser contados como comerciais e de serviços. Isso fez enxugar os quadros das indústrias e bancos, aumentando a produtividade de quem ficou nelas empregado, e elevando a competitividade das empresas.

Em decorrência dessa mutação, as empresas passaram a trabalhar em cadeias empresariais. Essas cadeias constituem verdadeiras redes articuladas e compostas de tomadores e fornecedores de bens e serviços. Em muitos casos, os contratos entre os componentes das cadeias empresariais são de longa duração e de bastante previsibilidade.

Como a concorrência é crescente, e os tomadores têm total liberdade de escolher quem mais convém, os prestadores se esforçam para manter a qualidade e reduzir os preços dos bens e serviços, produzindo-se aqui também uma elevação da produtividade do trabalho e competitividade das empresas.

Se o mundo está correndo na direção das redes de empresas, ou cadeias de produção, por que não tirar vantagem dessa tendência e ampliar o trabalho para os portadores de deficiência? Essa trajetória é inexorável. De nada adiantará gritar "parem o mundo porque eu quero descer". A multiplicação de redes e cadeias de empresas vai continuar e precisa ser encarada como uma parte expressiva do novo mundo do trabalho.

Os modos de aproveitamento das oportunidades dentro das redes ou cadeias empresariais são os mais variados. Se a lei abrir a possibilidade de contratação de portadores de deficiência em uma empresa (contratada) com a contagem da vaga preenchida na cota de outra (contratante), o próprio mercado criará uma vasta gama de novas contratações.

Uma das vantagens imediatas desse sistema é a ampliação do universo de empresas que vão contratar portadores de deficiência. Como se sabe, o sistema de cotas do Brasil só se aplica às empresas que têm 100 empregados ou mais. Ocorre que as médias e grandes empresas realizam uma série de subcontratações com empresas que têm menos de 100 empregados e que estão fora da obrigatoriedade de contratar portadores de deficiência. Na verdade, as cadeias empresariais são formadas por constelações de empresas dos mais variados tamanhos. Ao incluir a possibilidade de terceirização entre empresas, muitas pequenas contratadas, por estimulação das contratantes, absorveriam uma parcela de portadores de deficiência que jamais pensaram em absorver (que contariam, total ou parcialmente, na cota da contratante).

Digamos que uma siderúrgica de grande porte (20 mil empregados) tenha a obrigação de contratar 1.000 portadores de deficiência, mas que, devido à natureza de suas atividades (insalubres, penosas, perigosas, etc.), pode contratar diretamente, e com vínculo empregatício, apenas 200.

Na existência do sistema de cota-contribuição, essa siderúrgica pagaria pela não-contratação de 800 portadores. Mas se, além disso, existisse o sistema de cota-terceirizada, com possibilidade de contar na cota da contratante os que trabalham nas empresas (contratadas) que fazem parte da sua cadeia empresarial, isso ampliaria, sobremaneira, o número de portadores de deficiência trabalhando.

A siderúrgica em tela procuraria estimular a contratação de 800 portadores de deficiência nas empresas da sua cadeia empresarial, reduzindo ao mínimo o número de vagas não preenchidas e sujeitas ao recolhimento da contribuição. Além disso, a contratação poderia ocorrer em pequenas empresas que estão fora da obrigatoriedade legal. E, neste caso, trata-se de um universo gigantesco. No Brasil, há 25.463 empresas com mais de 100 empregados e que estão sujeitas ao sistema de cotas. Ao mesmo tempo, há 3.771.848 empresas que têm menos de 100 empregados e que estão fora daquele sistema, muitas das quais podem contratar portadores de deficiência. Isso poderia ser estimulado através do sistema de cota-terceirizada.

Por exemplo, pode haver uma fábrica de roupas com 50 costureiras ou uma gráfica com 80 operários que trabalham de forma exclusiva ou quase exclusiva para grandes empresas na produção de uniformes e impressos, e que têm condições de contratar 5 e 8 portadores de deficiência, respectivamente (ou seja, 10%).

Por interesse e estimulação de uma contratante, e mediante um contrato simplificado, os 13 portadores de deficiência seriam contados na cota daquela empresa, que, afinal, é quem gera os empregos na fábrica de confecções e na gráfica contratadas. O mesmo procedimento poderia ser estendido para autônomos, cooperados e outros tipos de profissionais.

Como as grandes empresas têm muitos fornecedores, a exploração das parcerias dentro das cadeias empresariais expandiria de forma substancial o trabalho para os portadores de deficiência e permitiria às grandes cumprir (e até ultrapassar) a sua cota, contratando, de modo direto e indireto, os portadores a que estão obrigadas.

No caso do rompimento do contrato com a fornecedora de uma grande empresa, o portador de deficiência teria o seu destino guiado pelas seguintes alternativas: a) a fornecedora, por vontade própria, manteria aquele empregado em seu quadro de pessoal; b) a empresa contratante, ao contratar outra fornecedora, provocaria a transferência do portador de deficiência; c) ao não contratar nenhuma outra, a empresa contratante ficaria obrigada a contratar diretamente aquela pessoa; d) o empregado seria dispensado e a empresa contratante recolheria a importância correspondente ao sistema de cota-contribuição.

As alternativas não param aí. Uma vez aberto o sistema de cotas-terceirizadas, as próprias partes usarão a sua imaginação para ampliar o trabalho, utilizando o talento dos profissionais dentro de suas vantagens comparativas, cumprindo cotas de forma natural, e evitando conflitos e ações judiciais.

Usando o seu poder de barganha junto aos participantes das cadeias empresariais acima indicadas, as grandes empresas induziriam as menores a contratar tudo o que é possível — democratizando-se a responsabilidade social.

Eventualmente, as contratadas passariam às contratantes, por meio dos preços dos bens e serviços, os custos de adaptação e contratação. Ficaria a critério das empresas contratantes arcar com esse "sobrepreço" ou, alternativamente, contratar em seus quadros, de forma direta, os portadores de deficiência. Mas, existindo o sistema de cota-contribuição, as despesas de adaptação poderiam ser cobertas com recursos provenientes das contribuições pagas pelas demais empresas.

A utilização de parcerias redundaria em enorme sinergia. À medida que as empresas fossem obtendo boas experiências com os portadores de deficiência, a contratação iria se ampliando de forma natural e sem necessidade de imposições espúrias.

Esse sistema requer pouca fiscalização. Mas, outra vez, para evitar conluios entre partes inescrupulosas, seria importante que as entidades de e para portadores de deficiência viessem a ter acesso às estatísticas agregadas e aos contratos entre empresas para, com base na sua experiência, poderem avaliar o que está sendo feito de modo saudável e o que é desvio. Isso facilitaria, sobremaneira, a tarefa de fiscalização nesses casos.

Como se vê, o Brasil precisa montar um sistema de ações articuladas e não simplesmente derrubar toda a responsabilidade em cima de um mecanismo de cotas que se baseia naquilo que está declinando — os empregos diretos.

Os exemplos acima arrolados estão infinitamente distantes do que ocorreria na realidade se tivéssemos neste momento um sistema aberto e articulado do lado da demanda de trabalho dos portadores de deficiência.

É claro que nada disso funciona se os portadores de deficiência não forem qualificados. Mas, nesse caso, nada funciona, nem mesmo o solitário sistema de cotas.

Entretanto, dentro do quadro em que nada funciona, há uma grande diferença. No sistema de cota-contribuição, os recursos gerados por quem não contrata poderão se transformar na chama de esperança para os que precisam ser qualificados. No sistema de "cota-solitária" (sem nenhuma complementação como o atual), o futuro será bem parecido com o presente. A grande maioria dos portadores de deficiência continuará pouco preparada para o trabalho, e sem mecanismos para superar esse obstáculo, que constitui a maior de todas as barreiras num mundo que busca trabalhadores cada vez mais preparados, versáteis, polivalentes e produtivos.

As pessoas que escolhem rejeitar os sistemas de cota-contribuição e de cota-terceirizada devem estar conscientes de que estão limitando as oportunidades de educação, qualificação, colocação e retenção dos portadores de deficiência no mercado de trabalho da sociedade moderna. A insistência no sistema de cotas de forma isolada e com base na contratação direta através de vínculo empregatício constitui uma combinação de extrema dificuldade para se alcançar aqueles propósitos.

Capítulo 8
Como Ampliar as Oportunidades de Trabalho?

Uma das responsabilidades legais das empresas com mais de 100 empregados no Brasil é admitir em seu quadro de pessoal uma certa proporção de portadores de deficiência, qualificados, que varia entre 2% e 5%, de acordo com o número de empregados.

As considerações apresentadas nos capítulos anteriores referiram-se às dificuldades para se implementar uma política dessa natureza, de forma isolada, desacompanhada de outros mecanismos, e fora das chamadas redes de apoio.

Para se cumprir, de imediato, as imposições do sistema de cotas, o mercado de trabalho brasileiro teria de contratar uma quantidade considerável de portadores de deficiência, bem acima da oferta atual, quando se considera a qualificação dos mesmos.

Com base nos dados da RAIS de 1998, para cumprir a cota de 2%, as empresas de 100 a 200 empregados teriam de contratar 35.007 portadores de deficiência; no caso da cota de 3%, as que possuem de 201 a 500 empregados teriam de empregar 74.096 pessoas; para a cota de 4%, as empresas de 501 a 1.000 empregados teriam de recrutar 74.967 portadores; e, para o caso dos 5%, as empresas com mais de 1.000 empregados teriam de admitir 306.891 pessoas. Isso dá quase 500 mil pessoas!

Esses números são pequenos em relação à necessidade e gigantescos em relação à limitada qualificação da maioria dos portadores de deficiência. Segundo a Secretaria de Educação Especial do Ministério da Educação, contando-se todas as séries das escolas públicas e particulares, há, no Brasil, pouco mais de 300 mil alunos portadores de deficiência matriculados (MEC, 2000)[57].

De acordo com o Censo Escolar realizado no ano 2000, havia apenas 280 mil portadores de deficiência cursando as escolas regulares do Brasil (Censo Escolar, 2000). Quando se leva em conta o nível educacional, o Ministério da Educação informa que estavam no ensino de segundo grau apenas 3 mil portadores de deficiência (MEC, 2000).

Isso é muito pouco diante da quantidade e qualidade de trabalho requeridas pelas empresas que têm de admitir cerca de 500 mil portadores de deficiência. É muito pouco também para os 9 milhões de portadores de deficiência em idade de trabalhar que necessitam de qualificação adequada para enfrentar os testes de seleção das empresas. O que fazer?

1. Medidas Práticas para as Empresas

Mas, a lei está aí, e as autoridades (Ministério Público do Trabalho, Ministério da Justiça, Ministério de Previdência e

---

(57) É verdade que, na maioria dos casos, as classes especiais são fontes de estigma. Os especialistas aconselham evitá-las ao máximo (*Ribas*, 1983). Mas, por outro lado, há que se considerar que muitas crianças portadoras de deficiência realmente precisam de atenção individualizada.

Assistência Social e Ministério do Trabalho e Emprego) têm a responsabilidade de zelar pelo seu cumprimento.

Como abrir espaço para os portadores de deficiência no mercado de trabalho, diante dos constrangimentos atuais?

Como vimos, a inserção e a retenção de portadores de deficiência no mercado regular de trabalho depende de três providências: preparar o portador, educar o empregador e dispor de boas políticas públicas. Os capítulos anteriores focalizaram, com detalhes, a necessidade de qualificação do lado dos portadores de deficiência. Este capítulo focaliza a empresa e as políticas públicas.

O que fazer do lado da empresa?[(58)] Para o empregador, a primeira providência é a de se conscientizar que, mais do que um mandamento constitucional e legal, a facilitação da entrada dos portadores de deficiência no mercado de trabalho faz parte de sua responsabilidade social (ver Capítulo 2). Os portadores de deficiência que vivem em nossa sociedade têm de ser apoiados para que possam dar a sua contribuição produtiva à economia brasileira e, com isso, construir suas carreiras de trabalho.

Saindo do plano das responsabilidades e passando para o enfrentamento das dificuldades reinantes, o problema da educação e qualificação merece consideração. Para as empresas é muito cômodo justificar a não-contratação pela não exis-

(58) A CORDE e a OIT oferecem orientações para empregados e empregadores no campo das oportunidades e superação de barreiras para a incorporação de portadores de deficiência no mercado de trabalho. Ver OIT/CORDE (1994a; 1994b).

tência de pessoas devidamente qualificadas para preencher suas vagas. Mas será essa a melhor maneira de as empresas colaborarem para a superação do problema?

Parece que não. Para enfrentar as dificuldades atuais de identificar e recrutar pessoas qualificadas, tudo indica que as empresas brasileiras terão de se envolver com programas de educação e treinamento dos futuros candidatos. Isso pode ser feito de maneira direta ou indireta.

É bem provável que as grandes empresas prefiram optar pela implantação de programas próprios nesse campo, e que as médias prefiram utilizar os serviços de escolas e entidades de portadores de deficiência através de convênios e outros tipos de articulações.

Realisticamente, sem esse envolvimento, a dificuldade de recrutamento persistirá por muito tempo, dando margem para as autoridades punirem as empresas inadimplentes, o que acaba instalando um clima desnecessariamente conflitivo em torno do assunto.

É claro que a viabilização dos expedientes de educação e qualificação profissional vai depender muito de se criar mecanismos de apoio financeiro às empresas e/ou uma abertura na legislação atual para que o esforço empresarial venha a ser contado, parcial ou totalmente, como parte de suas cotas de contratação. Daí a importância dos sistemas de cota-contribuição e cota-terceirizada para garantir um maior envolvimento das empresas na tarefa de melhorar a qualidade da oferta.

Mas nenhum desses mecanismos existia até o fechamento deste livro (setembro de 2000). Por isso, em termos práticos e imediatos, o que fazer?

Por não estarem acostumadas à contratação de portadores de deficiência, as empresas brasileiras estão sendo desafiadas a implantar e desenvolver políticas internas em quatro áreas: (a) superação das apreensões; (b) definir o trabalho certo para a pessoa certa; (c) preparar o ambiente de trabalho; (d) capacitar-se para recrutar e reter os portadores de deficiência.

(a) Superação das apreensões — Neste campo, a primeira providência é separar os conceitos dos preconceitos — e, nesse campo, já existe ampla bibliografia de apoio para mostrar quais são os limites e as possibilidades de trabalho dos portadores de deficiência (*Ribas*, 1997b; *Borja*, 1998; *Hunt*, 1999). Essa literatura é de grande valia para a compreensão adequada da natureza dos problemas que impedem uma maior participação das pessoas que têm necessidades especiais no mercado regular de trabalho (ver Capítulo 1).

Uma política intra-empresarial desse tipo tem de envolver toda estrutura hierárquica da empresa. De nada adianta para a empresa determinar, de cima para baixo, que essas pessoas sejam contratadas. É preciso que diretores, gerentes, chefes e funcionários em geral entendam as várias dimensões dessa realidade. Do contrário, eles acabarão recrutando a contragosto, e marginalizando os contratados.

Por isso, recomenda-se que o assunto venha a ser amplamente debatido entre as pessoas que têm a responsabilidade de recrutar, adaptar e conviver com os portadores de deficiência. De início, sugere-se que essas pessoas exponham francamente as suas concepções para que, em seguida, possam ser trabalhadas e corrigidas.

Os preconceitos são abundantes. Muitos empregadores acham que os portadores de deficiência não se adaptam bem em trabalho em grupo; que são rejeitados pelos colegas; que são demasiadamente sensíveis, temperamentais e até ingratos; que magnificam seus problemas para conseguir benesses; que criam problemas para os colegas; que afastam clientes; que constituem um grande problema numa hora de incêndio ou outra emergência; etc. Isso ocorre também com os profissionais de recursos humanos, administradores em geral e chefias. Por sua vez, ter um chefe compreensivo é um dos fatores mais importantes para a adaptação de um portador de deficiência em um novo ambiente de trabalho.

Os preconceitos precisam ser discutidos e esclarecidos para se chegar aos verdadeiros conceitos sobre o assunto. Eles têm de sair da frente para dar lugar a questões objetivas e que merecem uma conduta bem pensada. Dentre elas pode-se destacar: os custos de adaptação; as barreiras físicas dentro e fora do trabalho; a flexibilização das jornadas e turnos; o trato do absenteísmo; a busca da produtividade necessária para que a contratação não se transforme em ato de benevolência ou simples obrigatoriedade legal.

Todas essas questões exigem um equacionamento na cabeça das pessoas que são estratégicas na contratação dos portadores de deficiência. Só depois disso é que a empresa adquire condições para tomar as providências da fase seguinte.

(b) Encontrar trabalho certo para a pessoa certa — Analisar bem as exigências do trabalho é uma providência fundamental. Para se ter sucesso no recrutamento de pessoas com necessidades especiais, a empresa tem de identificar atividades nas quais essas pessoas possam exercer seu trabalho sem prejudicar a "performance" desejada.

Não se trata simplesmente de adaptar uma pessoa a um cargo. Na verdade, essa é uma via de duas mãos: cargo e pessoa terão de ser adaptados para viabilizar a contratação e realizar o trabalho. Essa é a recomendação dos especialistas na área de colocação e adaptação no mercado de trabalho (OIT/CORDE, 1997).

Para a empresa é imperioso definir os seus limites de tolerância para com os profissionais a serem contratados. Além de estudar bem a natureza das limitações, é essencial contrastá-las com as barreiras existentes e com a possibilidade de removê-las. Antes de remover as barreiras, a empresa terá de simular a compatibilização das exigências com a natureza das limitações.

Dentre as barreiras a serem consideradas, convém levar em conta também as de natureza social. Recomenda-se colocar os portadores de deficiência junto a pessoas que têm mais condições de ajudá-los na fase inicial. Sabe-se, por exemplo, que as mulheres são mais tolerantes e mais cooperativas do que os homens nessa tarefa. As pessoas mais escolarizadas tendem a aceitar melhor do que as menos escolarizadas. Pessoas mais calmas e menos ansiosas aceitam melhor situações novas e respondem melhor às exigências de adaptação.

Na fase de adaptação é importante estabelecer metas realistas (*Sedeño* e outros, 1998) e negociar essas metas com os demais funcionários para que todos entendam — e não apenas aceitem — as limitações do novo funcionário. Por isso, o treinamento para tais situações precisa envolver não só o novato, mas, sobretudo, os veteranos. É desse amálgama de entendimento e compreensão que depende o sucesso da adaptação.

(c) Preparação do ambiente de trabalho — A preparação do ambiente de trabalho envolve providências físicas, educacionais e sociais. Para a contratação e adaptação de um portador de deficiência, uma vez selecionado o cargo e o candidato, a empresa tem de fazer as modificações necessárias no ambiente de trabalho. Isso pode envolver acertos arquitetônicos, incorporação de novos equipamentos, transformação dos atuais, planejamento para emergências, implantação de sistemas flexíveis para cumprimento de horários e treinamento dos chefes e colegas.

Uma série de providências específicas se faz necessárias para suplementar as limitações dos portadores de deficiências selecionados. Isso varia de caso para caso, envolvendo mudanças na sinalização e orientação espacial do ambiente de trabalho; modificações no sistema de iluminação; ajustes de equipamentos e condutas para compensar problemas de comportamento, raciocínio, visão, comunicação, locomoção, higiene, postura, destreza, etc. Para uma apreciação das especificidades de providências ver OIT/CORDE, 1997.

Para a empresa convém considerar a mescla de trabalho dentro do estabelecimento e fora dele. Em muitos casos, uma parte das tarefas pode ser realizada na casa do funcionário ou em ambientes de trabalho protegido. É claro que isso deve ser feito com muito cuidado e em negociação aberta com os próprios portadores de deficiência. A medida é sempre contra-indicada quando implica marginalização e isolamento social do funcionário.

(d) Recrutamento e retenção — O recrutamento de portadores de deficiência pelas empresas é uma tarefa complexa. Na situação atual do Brasil, a sua retenção é igualmente difícil. Examinemos os dois aspectos.

No mundo desenvolvido, muitos países já estabeleceram normas gerais para recrutamento que, aos poucos, vêm sendo seguidas por um número crescente de empresas. Para ser melhor informados, convém que os profissionais de recursos humanos familiarizem-se com essas normas. Trata-se de procedimentos práticos que dão boa orientação aos que precisam recrutar (EDF, 1997). Os parágrafos seguintes destacam alguns deles.

Para ajudar no recrutamento, as empresas podem recorrer às organizações que, gradualmente, estão se formando para identificar pessoas qualificadas e vagas que podem ser por elas preenchidas no mercado de trabalho. O número de organizações desse tipo no Brasil ainda é pequeno, mas cresce dia após dia. As Secretarias de Trabalho dos Estados, as entidades de e para portadores de deficiência, assim como os serviços de reabilitação públicos e privados estão, aos poucos, se transformando em intermediadores de mão-de-obra nesse campo.

Antes de escolher uma delas, é importante para os empregadores analisar a reputação da organização que oferece os serviços ou promove o trabalho dos portadores de deficiência; conhecer experiências anteriores; informar-se com empregadores que já utilizaram os seus serviços; avaliar os resultados; conversar com portadores de deficiência que recorreram a essas organizações; obter deles o seu grau de contentamento e satisfação. Nesse campo, é sempre aconselhável contatar as organizações recomendadas pelos técnicos da área. Para obter uma relação de entidades respeitáveis convém consultar os especialistas (*Ribas*, 1997b)[(59)].

As empresas podem recorrer a escolas de segundo e terceiro graus (universitárias) para saber dos professores e dire-

---

(59) Inúmeras empresas de consultoria de âmbito internacional vêm desenvolvendo esforços nos sentido de orientar as empresas na montagem de programas voltados para portadores de deficiência que incluem a preparação do pessoal e o recrutamento e ajustamento dos admitidos. Dentre elas convém contatar as seguintes: Disability Resources Org. (www.disabilityresources.org); Job Accommodation Network (www.janweb.iedi.wvu.edu); National Business & Disability Council (www.business-dibaility.com); Pengroup Company (www.pengroup.com).

tores quais são os alunos portadores de deficiência que têm potencialidade para fazer um teste de recrutamento e motivação para o trabalho. Essa possibilidade é ainda limitada em vista do reduzido número de alunos com limitações que freqüentam as escolas, em especial, as de segundo e terceiro graus. Mas, nem por isso deve ser abandonada. O contato permanente com os profissionais daquelas escolas acaba formando neles o interesse pelo assunto.

Na fase do recrutamento em si, a preparação do candidato é essencial. Ele não pode ser iludido, nem ter a impressão de que está sendo testado por mera obrigação legal da empresa, e muito menos que será admitido por espírito caritativo. Essas mensagens precisam ser explicitadas porque, de um modo geral, os portadores de deficiência conhecem melhor seus direitos do que seus deveres.

Compete à empresa explicar que tem uma vaga aberta, verba no orçamento e trabalho produtivo a ser feito. As exigências da vaga têm se ser expostas claramente. O candidato precisa imaginar-se como ocupante daquele posto de trabalho e examinar as eventuais conseqüências de um desajuste entre exigência e competência.

A decisão final do recrutamento tem de ser bem explicada a todos os candidatos. Nenhum deles pode se sentir discriminado. Todos merecem receber informações que lhes dêem condições para superar desvantagens através de um esforço adicional de educação e treinamento. Se o fracasso em um exame de seleção é penoso para um não-portador de deficiência, ele é muito mais doloroso para quem tem limitações a vencer. Por isso, o aconselhamento e a indicação de avenidas de capacitação são quase um dever das empresas para com todos os portadores de deficiência que se candidatam às suas vagas.

Passando à segunda questão, a retenção do candidato selecionado é tão delicada quanto a do recrutamento. Se o ajustamento a uma nova situação é um desafio para um portador de deficiência, ele é muito maior para a empresa que o contratou. Tudo aquilo que foi dito anteriormente em matéria de planejamento e preparação do ambiente de trabalho tem de ser colocado em prática após o recrutamento.

Na verdade, a empresa precisa se organizar para absorver e utilizar o talento de um portador de deficiência. O ajuste não pára nunca. Longe de ser uma mera fase de adaptação, esse ajuste envolve uma atenção permanente às barreiras que bloqueiam a boa produtividade do novo profissional.

Ademais, ao longo dos primeiros meses (ou anos), o portador de deficiência e seus colegas de trabalho passam por sucessivos processos de aprendizagem e reaprendizagem.

A questão da tolerância constitui uma das dimensões mais complexas. A empresa e os colegas de trabalho têm de estar preparados para alargar os seus limites de tolerância para com a produtividade do portador de deficiência. Mas isso tem de ficar muito longe do favor. É preciso que todos entendam que há limites especiais para aquela pessoa e que, dentro de certos limites, ela tem de render o máximo. Muitas vezes a produtividade máxima é alcançada em condições diferentes, dividindo a tarefa em duas ou três partes, utilizando mais tempo, ou articulando o trabalho do portador com o de um não-portador de deficiência.

Por isso, a retenção do portador de deficiência depende muito de treinamentos *on-the-job*. Para ele, a empresa tem de funcionar como empresa e como escola. E os seus companheiros de trabalho tem de se comportar como colegas e auxiliares.

O ajustamento nos dias atuais tem sido acelerado pela incorporação de novos equipamentos e processos de trabalho. O avanço tecnológico dos últimos dez anos foi maior do que o ocorrido em toda a história da humanidade. As novas tecnologias ajudam a reduzir barreiras e ampliam a potencialidade de criar e trabalhar de forma produtiva.

Espera-se, portanto, que a empresa não fique parada na pesquisa e atualização das tecnologias que alargam os horizontes dos funcionários que têm limitações. O campo das tecnologias para portadores de deficiência é um dos mais dinâmicos e apresenta inovações a cada dia. Convém às empresas manter os seus profissionais de recursos humanos atualizados e atentos a esses avanços, acompanhando, sobretudo, os progressos da cibernética e da robótica nas reuniões técnicas sobre tais assuntos (ECDVRAT, 1998).

2. Mudanças nas Políticas Públicas

Uma palavra de cautela. Nada do que foi sugerido aqui fará milagres no que tange ao recrutamento e cumprimento das cotas legais. A tese central deste livro é a de que a boa articulação de macropolíticas sociais é essencial para as empresas poderem desempenhar o seu papel com mais eficiência.

Nesse ponto o Brasil está despreparado. Além de poucas, as políticas sociais com relação aos portadores de deficiência são desarticuladas. A combinação de educação e reabilitação com estímulos às empresas e às entidades especializadas é medida essencial para o trabalho dos portadores de deficiência.

O exame da literatura sobre o atendimento de suas necessidades no mundo moderno deixou claro que o sucesso nesse campo é apenas razoável, mesmo nos países em que as instituições funcionam de maneira eficiente e integrada. Por isso, o sucesso se reduz de maneira drástica, quando as ações dessas instituições são ineficientes e desintegradas.

Apesar de o Brasil possuir um arcabouço legal bastante moderno e compreensivo, as ações de atendimento aos portadores de deficiência, do lado público, se concentram, de um lado, na concessão de benefícios demasiadamente precários para manter os portadores de deficiência em condições de respeito e dignidade e, de outro, na imposição de cotas de contratação a serem cumpridas pelas empresas.

O Brasil tem uma grande caminhada para passar das leis bem-intencionadas a programas eficazes. Para muitos empregadores é cômodo justificar a não-contratação pela não-existência de políticas públicas estimuladoras. Esse passivismo, porém, não se ajusta ao regime democrático. É de responsabilidade das empresas atuarem junto aos Poderes Públicos no sentido de sugerir e ajudar a formular políticas que sejam mais eficazes em relação ao propósito pretendido.

Um dos maiores trunfos no sucesso de colocação e retenção de portadores de deficiência no mercado regular de trabalho é a boa articulação entre as ações públicas e privadas nos campos da educação, habilitação, reabilitação, estimulação das empresas para contratarem e manterem portadores de deficiência em seus quadros. Medidas específicas de apoio à retenção, mecanismos de ajuda à volta ao trabalho, esquemas de financiamento aos que têm condições de trabalhar por conta própria, inovações nos sistemas de seguros, articulação entre retenção, reabilitação e seguros, apoio ao trabalho protegido e várias outras atitudes devem ser continuamente propostas e aprimoradas.

Em termos práticos, as políticas públicas brasileiras, até o momento, incidiram apenas no campo dos benefícios transferidos pela Previdência Social. Todas as demais são atrofiadas. Os poucos esforços que existem são disjuntivos e conflitivos, o que faz muitas pessoas e instituições tirarem proveito da situação, e explorar, com outros propósitos, as legítimas causas dos portadores de deficiência. As políticas sociais do Brasil mais desincentivam do que incentivam a contratação e retenção das pessoas portadoras de deficiências no mercado de trabalho.

Em lugar de continuar alimentando os desincentivos, parece urgente desenvolver esforços para criar incentivos. Dentre eles, tem especial destaque os que induzem as empresas as empregar os portadores de deficiência produtivos, retê-los pelo maior tempo possível e ajudá-los a superar o seu problema para o desfrute de uma vida sadia.

No Brasil, os sofisticados mecanismos legais impressos no papel têm enorme dificuldade para passar para a realidade. Eles não chegam a falar a linguagem das empresas que, em última análise, são as detentoras dos postos de trabalho (com vínculos empregatícios). Muitas vezes, os dispositivos legais que obrigam a contratação são formulados sem consultar os que vão contratar. Políticas formuladas no meio do obscurantismo têm pouca chance de sucesso.

As empresas têm uma linguagem própria para entender o que é vantajoso para elas. Ao se criar condições para que os portadores de deficiência colaborem de forma produtiva, está-se produzindo aí o mais valioso estímulo para as empresas os empregarem.

Querer apenas impor por lei ou punir por meio da multa e da condenação são alternativas contraproducentes para acomodar milhares de portadores de deficiência nos ambientes de trabalho das empresas. O pior dos mundos para os portadores de deficiência é ter de trabalhar em uma empresa que não os deseja, ou compartilhar o local de trabalho com colegas que os estigmatizam.

Certamente, não é esse o caminho que o País tem de perseguir, e tampouco o ambiente social que os portadores de deficiência merecem. As leis só vão funcionar quando existirem políticas públicas que criam condições favoráveis para as empresas e os colegas de trabalho aceitarem de bom grado a participação dos portadores de deficiência no mesmo ambiente.

As pesquisas mostram que a maioria dos portadores de deficiência deseja trabalhar. Poucos, porém, conseguem um emprego formal, com vínculo empregatício. E uma proporção menor ainda permanece nesses empregos.

A canalização dessa frustração para o âmbito do litígio e dos tribunais só agrava o problema. O importante nesse campo é implantar medidas concretas que quebrem as barreiras e facilitem a entrada dos portadores de deficiência no mercado de trabalho. O mais urgente, nessa estratégia, é resolver os problemas existentes, com muita pedagogia, e não apenas punir os que se encontram no meio deles, em especial, os portadores de deficiência.

O Brasil precisa fazer um esforço para juntar os recursos existentes em uma maneira articulada e comprovadamente satisfatória para o objetivo que se pretende atingir. Afinal, o que queremos? Mais portadores de deficiência no trabalho ou mais portadores de deficiência dependentes da Previdência Social? Mais portadores de deficiência trabalhando ou mais pessoas litigando nos tribunais de justiça?

A resposta é óbvia. Quanto menos dependentes da Previdência Social, melhor. Quanto mais pessoas trabalhando, melhor. O Brasil precisa desenvolver ações para encurtar o enorme fosso que existe entre as necessidades dos portadores de deficiência e aquilo que as empresas podem fazer.

Ao se reconhecer a resistência de muitas empresas para empregá-los, convém perguntar: O que pode ser feito de concreto para reduzir essa resistência no campo das políticas públicas? Em que condições a empresa passaria a cumprir com a sua responsabilidade social e admitir portadores de deficiência? Quais são as outras maneiras de fazer as empresas cumprirem suas obrigações? Como tratar a empresa que prefere recolher recursos a um fundo ou a manter convênios com instituições de cuidam de portadores de deficiência? De que maneira esses recursos podem ser usados em favor da incorporação de mais portadores de deficiência no mercado de trabalho?

Não se pode esperar contratações em grande escala enquanto essas questões não forem equacionadas. Da mesma maneira, pouco podem fazer as entidades de e para portadores de deficiência, se essas instituições não contam com mecanismos concretos para encurtar a enorme distância que ainda há entre as necessidades das pessoas que têm limitações e as das empresas que têm a obrigação de contratá-las.

A articulação das entidades de e para portadores de deficiência com sistemas de seguros e os estímulos às empresas é um caminho promissor. Afinal, são elas que melhor conhecem as limitações e as potencialidades dos portadores de deficiência. Por que não dar a elas uma premiação (com recursos das próprias seguradoras) para convencerem as empresas sobre as vantagens do trabalho de portadores de deficiência, quando devidamente acomodados? Isso seria bom para os portadores de deficiência e para as seguradoras, que economizariam em benefícios que devem ser pagos a pessoas que não trabalham.

O equacionamento dos problemas dos portadores de deficiência exige criatividade e, sobretudo, articulação das instituições dentro de redes de apoio. Para reter as pessoas no trabalho, a intervenção precoce é crucial. Por que não premiar as empresas que entram em parceira com outras entidades na tarefa da reabilitação imediata dos acidentados e, ao mesmo tempo, cobrar recursos adicionais das que não querem se envolver com esse tipo de atividade?

Ao lado de tudo isso, convém não esquecer que o mundo do trabalho passa por uma profunda transformação. As políticas nacionais devem levar essas mudanças em consideração, antes de partirem para implementar programas concretos. Na verdade, essas mudanças precisam ser consideradas como guias para aqueles programas.

Levando-se em conta a tendência mundial de encolhimento do emprego fixo e ampliação do trabalho intermitente, não se pode descarregar toda a responsabilidade em cima dos vínculos empregatícios diretos para acomodar todos os portadores de deficiência no mercado de trabalho. O trabalho por conta própria, o teletrabalho, a subcontratação, etc. têm de ser levados em conta como formas alternativas de oportunidades de trabalho — não necessariamente de emprego. Daí a importância de se atrelar o sistema de cota-terceirizada ao de cota-contribuição.

Finalmente, a sociedade tem de ser realista. Por maiores que sejam os esforços, os casos mais severos terão de ser apoiados com trabalho, mas fora do mercado. A maioria das instituições de trabalho protegido precisa ser profissionalizada, e, para tanto, seria útil articular as suas atividades com as das próprias empresas (que têm cotas a cumprir). Através de mecanismos de contribuições indiretas (cotas-contribuições), as empresas poderiam participar de forma mais ativa no fortalecimento dessas instituições, passando para elas não só recursos financeiros mas também experiência administrativa e eficiência de gestão.

Enfim, as políticas de apoio aos portadores de deficiência precisam considerar que o centro de todas as ações deve ser um ser humano que tem limitações superáveis. Isso faz parte da responsabilidade dos cidadãos que convivem na mesma sociedade. Para tanto, não basta baixar decretos ou multiplicar leis ambiciosas, antes de negociá-las seriamente com as partes envolvidas no sistema.

Nessa negociação, é fundamental ter em mente a necessidade de criar mecanismos que sejam capazes de remover as barreiras e tornar as partes interessadas em resolver seus problemas de modo convergente e somando esforços. Isso depende mais de imaginação do que de imposição. O mundo dos portadores de deficiência está pedindo criatividade no campo das políticas públicas para bem utilizar os recursos disponíveis e os novos a serem gerados pela força de mecanismos mais modernos. Só assim os portadores de deficiência poderão ser gradualmente incorporados no convívio social, uns trabalhando no mercado de trabalho em geral, outros trabalhando em condições especiais e, finalmente, outros sendo atendidos nas suas necessidades básicas — mas todos ajudados por um esforço conjunto e bem articulado de toda a sociedade.

Bibliografia

ADA (1990)
Americans with Disabilities Act, *in* Ruth Clarke West (1991), *op. cit.*

Albrecht, Martin e Hans Braum (1998)
Study Report: Germany, Geneva: International Labour Office (OIT).

Alvarado, Marieanela (1998)
Construção de uma Pedagogia para a Integração, Montevideo: CINTERFOR/OIT.

Alves, Rubens Vatlecides (1992)
Deficiente Físico: Novas Dimensões da Proteção ao Trabalhador, São Paulo: Editora LTr.

Araújo, Luiz Alberto David (1992)
Conheça seus Direitos, São Paulo: Centro de Documentação e Informação do Portador de Deficiência (CEDIPOD).

Araújo, Luiz Alberto David (1997)
A Proteção Constitucional das Pessoas Portadoras de Deficiência, Brasília: Coordenadoria Nacional para Integração da Pessoa Portadora de Deficiência (CORDE), Ministério da Justiça.

Assis, Olney Queiroz e Lafaiete Pussoli (1997)
Pessoa Deficiente: Direitos e Garantias, São Paulo: Editora EDIPRO.

Baldwin, Marjorie L. (1997)
"Can the ADA Achieve its Employment Goals?", *in The Annals of the American Academy of Political and Social Science*, vol. 549, janeiro de 1997.

Baldwin, Marjorie L. e William G. Johnson (1998)
"Dispelling the Myths about Work Disability", *in* Terry Thomason e outros (1998), *op. cit.*

Barnes, Colin (1998)
"The Social Model of Disability: A Sociological Phenomenon Ignored by Sociologistes, *in* Tom Shakespeare (ed.), (1998), *op. cit.*

Barton, Len (1996)
Disability and Society: Emerging Issues and Insights, London: Longman

Barton, Len (1998)
"Sociology, Disability Studies and Education: Some Observations", *in* Tom Shakespeare (ed.), (1998), *op. cit.*

Becker, Gary S. (1999)
"Are we Hurting or Helping the Disabled?", *in Business Week*, 2.8.99, p. 9.

Bequele, Assefa (1984)
"The Costs and Benefits of Protecting and Saving Lives at Work: Some Issues", *in International Labour Review*, vol. 123, n. 1.

Berkowitz, Monroe e David Dean (1998)
"Facilitating Employment through Vocational Rehabilitation", *in* Terry Thomason e outros (1998), *op. cit.*

Bickenbach, Jerome E. (1993)
Physical Disability and Social Policy, Toronto: University of Toronto Press.

Boden, Leslie I. (1995)
"Creating Economic Incentives: Lessons from Workers' Compensation Systems", *in* Paula B. Voos (1995), *op. cit.*

Boonei, Richard J. e John Monahan (1997)
Mental Disorder, Work Disability, and the Law, Chicago: The University of Chicago Press.

Borja, Jordán de Urríes (1998)
Inserción Laboral de Personas con Discapacidad, Salamanca (Espanha): Servicio de Información sobre Discapacidad, http://www3.usal.es

Bryan, Willie V. (1996)
In Search of Freedom: How Persons with Disabilities have been Disenfranchised from the Mainstream of American Society, Springfield (Illinois): Charles C. Thomas Publisher.

Burton, John F. e James R. Chelius (1998)
"Workplace Safety and Health Regulations: Rationale and Results", *in* Bruce E. Kaufman (ed.), *op. cit.*

Candido da Silva, João José (1998)
"Atenção à Pessoa Portadora de Deficiência na Área de Assistência Social", Brasília: Ministério da Previdência e Assistência Social (mimeo).

Carreira, Dorival (1996)
A Integração da Pessoa Deficiente no Mercado de Trabalho, São Paulo: Fundação Getúlio Vargas.

Censo Escolar (2000)
"Inclusão de Portadores de Deficiência no Ensino Regular do Brasil", Brasília: Ministério da Educação e Cultura.

Chagas, Ana Maria de Resende (1999)
"Deficiências de Saúde no Brasil e nas Famílias Brasileiras", *in Como vai a População Brasileira?*, Brasília: IPEA, ano IV, n. 1.

Cicco, Francesco M. (1984)
"Custo de Acidentes", *in Revista Brasileira de Saúde Ocupacional,* vol. 12, n. 45.

Cintra Neto, Manoel F. (2000)
"Excesso de Leis e Falta de Certeza Jurídica", *in Folha de S. Paulo*, 10.9.00.

Colker, Ruth (1998)
American Law in the Age of Hypercapitalism, New York: New York University Press.

Colker, Ruth e Bonnie Poitras Tucker (1999)
The Law of Disability Discrimination Handbook: Statuses and Regulatory Guidance, Cincinnati: Anderson Publishing Company.

Copus, Earl (2000)
"Skill Training, Personal Adjustment Development and Job Support" (mimeo), trabalho apresentado na Conferência Mundial da "Rehabilitation International", Rio de Janeiro.

CORDE (1997)
Normas e Recomendações Internacionais sobre Deficiências, Brasília: Coordenadoria Nacional para Integração da Pessoa Portadora de Deficiência (CORDE), Ministério da Justiça.

Covey, Herbert C. (1998)
Social Perceptions of People with Disabilities in History, Springfield (Illinois): Charles C. Thomas Publisher.

Cuelenaere, Boukje e Rienk Prins (1998)
Study Report: Netherlands, Geneva: International Labour Office (OIT).

DDA (1996)
The Disability Discrimination Act, London: Disability Net.

Duckworth, Stephen; Peter McGeer; Daniel Kearns; e Patricia Thornton (1998)
Study Report: United Kingdom, Geneva: International Labour Office (OIT).

Durbin, Favid e Richard J. Butler (1998)
"Prevention of Disability from Work-Related Sources: The Roles of Risk Management, Government Intervention, and Insurance", *in* Terry Thomason e outros (1998), *op. cit.*

Economist (1999)
"GM and the Law", *in The Economist*, 17.7.99, p. 16.

ECDVRAT (1998)
European Conference on Disability, Virtual Reality and Associated Technologies, Reading (Inglaterra): Department of Cybernetics, ecdvrat@cyber.rdg.ac.uk

EDF (1997)
Equal Opportunities: Recruitment Handbook, Bruxelas: European Disability Forum.

EDF (1998a)
Guide to the Amsterdam Treaty, Bruxelas: European Disability Forum.

EDF (1998b)
Disabled People and Employment in the European Union, Bruxelas: European Disability Forum.

EDF (1999)
1999 National Action Plans for Disabled People in the European Union, Bruxelas: European Disability Forum.

EEOC (1999)
"EEOC Seeks Attorneys for Volunteer Mediation Program", Charlote: North Carolina Bar Association.

Elwan, Ann (1999)
Poverty and Disability: A Survey of the Literature, Washington: Social Protection Unit, The World Bank.

Epstein, Richard (1992)
"Forbidden Grounds: The Case Against Employment Discrimination Laws", *in* Ruth Colker (1998), *op. cit.*, p. 63.

Fair Measures (1999)
"Fair Measures to Keep you out of the Court — Legal Training for Managers", Santa Cruz (California): Fair Measures Law Consulting Group.

Figueiredo, Ana Maria e João Baptista Cintra Ribas (1987)
As Pessoas Deficientes, São Paulo: IDAC.

Filer, Randal K.; Daniel S. Hamermesh; Albert E. Rees (1996)
The Economics of Work and Pay, Capítulo 10, "Job Amenities and Employee Benefits", New York: Addison-Wesley Pub. Co.

Flynn, Padraig (1998a)
"An European Union Response to Disability in the Workplace", Dublin: National Workshop on the Politics of Disability.

Flynn, Padraig (1998b)
"A European Vision for Equal Opportunities in the Labour Market for People with Disabilities", Bruxelas: European Comissioner for Employment and Social Affairs.

Gawryszewski, Mário; João Alberto Mantovani; e Lie Tjlap Llung(1998)
Acidentes do Trabalho Fatais, São Paulo: Delegacia Regional do Trabalho, Ministério do Trabalho e Emprego (mimeo).

Gelre (2000)
"A Diferença faz Parte do Mundo" (Documento Promocional), São Paulo: Organização Gelre.

Goffman, Erving (1963)
Stigma: Notes on the Management of Spoiled Identity, Englewood Cliffs (New Jersey): Prentice-Hall, Inc.

Grapin, Pierre e outros (1998)
Study Report: France, Geneva: International Labour Office (OIT).

Gunderson, Morley; Alina Gildiner; e Andrew King (1998)
Study Report: Canada, Geneva: International Labour Office (OIT).

Hunt, H. Allan (1999)
"Institute Research and Public Policy and Disability", *in Employment Research*, Kalamazoo (Michigan): Upjohn Institute, vol. 6, n. 2.

Hunt, Paul (1998)
"A Critical Condition", *in* Tom Shakespeare (ed.), (1998), *op. cit.*

IBGE (1991)
Proporção da População de Deficientes, com 10 Anos ou mais que Trabalha, Rio de Janeiro: Censo Demográfico de 1991, citado por Ana Maria de Resende Chagas (1999), *op. cit.*

ILO (1998)
Vocational Rehabilitation and Employment of Disabled Persons, Geneva: International Labour Organization (OIT).

INSS (1999)
Dados da Divisão de Reabilitação Profissional, do Instituto Nacional de Seguros Sociais (INSS), Brasília: Ministério da Previdência e Assistência Social.

IPEA (1999)
Identificação dos Destinatários da Assistência Social nos Estados e Critérios de Alocação dos Recursos do Fundo Nacional de Assistência Social, Brasília: IPEA (mimeo).

JAED (2000)
Employment Promotion Services under Levy and Grant System for Disabled Persons, Tokyo: Japan Association for Employment of the Disabled.

Junqueira, Eduardo (1999)
"Com uma Perna Só: Deficientes Físicos Enfrentam Dificuldades e o Preconceito Praticando Esportes Radicais", *in Revista Veja*, 15.9.1999.

Karlsson, Anders (1998)
Study Report: Sweden, Geneva: International Labour Office (OIT).

Kaufman, Bruce E. (1998)
Government Regulation of the Employment Relationship, Madison: Industrial Relations Research Association.

Krueger, Alan B. (1997)
"How will Labor Martets Trends Affect People with Disabilities?", *in* Virginia P. Reno e outros (1997), *op. cit.*

Lavinas, Lena e outros (1998)
Trabalho à Domicílio: Novas Formas de Contratação, Brasília: Organização Internacional do Trabalho.

Lee, Barbara A. e Roger J. Thompson (1998)
"Reducing the Consequences of Disability: Policies to Reduce Discrimination Against Disabled Workers", *in* Terry Thomason e outros (1998), *op. cit.*

Linares, Mario Seoane (1998)
Legislação sobre Direitos das Pessoas Portadoras de De-

ficiência para a sua Inserção na Sociedade e no Trabalho, Montevideo: CINTERFOR.

Lyth, Margaret (1973)
"Employer's Attitudes to the Employment of the Disabled", *in Occupational Psychology*, vol. 47, pp. 67-70.

Machado, Clarita Franco (1998)
Manual Básico para a Integração Normalizada de Pessoas Portadoras de Deficiência nas Instituições de Formação Profissional, Montevideo: CINTERFOR/OIT.

Manzur, Maria Clemencia D. e Beatriz Helena L. Jara milo (1998a)
Ponto de Partida da Formação para o Trabalho: Avaliação para Ingresso, Montevideo: CINTERFOR/OIT.

Manzur, Maria Clemencia D. e Beatriz Helena L. Jara milo (1998b)
Seguimento das Pessoas Portadoras de Deficiência na Formação e no Trabalho, Montevideo: CINTERFOR/OIT.

Mashaw, Jerry L. (1996)
"Overview", *in* Jerry L. Mashaw e outros (1996), *op. cit.*

Mashaw, Jerry L.; Virgina Reno; Richard Burkhauser V. e Monroe BerKowitz (1996)
Disability Work and Cash Benefits, Kalamazoo: W. E. Upjohn Institute.

Mashaw, Jerry L. (1997)
"Disability Benefits Policy: Is There a Crisis?", *in* Virginia P. Reno e outros (1997), *op. cit*.

Mashaw, Jerry L. e Virgina Reno (1998)
"Social Security Disability Insurance: A Policy Review", *in* Terry Thomason e outros (1998), *op. cit.*

McNeil, John M. (1993)
American with Disabilities: 1991-92, Washington: Bureau of Labor Statistics.

MEC (2000)
Educação para Todos, Brasília: Ministério da Educação e Cultura.

Melwood (2000)
"Embracing the Future and Enriching the World", Upper Marlboro (Maryland): Melwood Growing Together.

Milazzo-Sayre, Laura J.; Marilyn J. Henderson; e Ronald W. Manderscheid (1997)
"Serious and Severe Mental Illness and Work: What do we Know?", *in* Richard J. Bonnie e John Monahan (1997), *op. cit.*

Momm, Willi (1998)
Employment Prospects for Disabled People in Transition Countries, Geneva: International Labour Office (OIT).

Momm, Willi e Masaaki Iuchi (1998)
"International Labour Standards and National Employment Legislation in Favour of Disabled Persons", *in Encyclopedia of Occupational Health and Safety*, Geneva: International Labour Office (OIT).

MPAS (1998)
Atenção à Pessoa Portadora de Deficiência na Área de Assistência Social, Brasília: Secretaria de Assistência Social do Ministério da Previdência e Assistência Social.

MPAS (1999a)
Dados da Subsecretaria de Planejamento, Orçamento e Administração, Brasília: Ministério da Previdência e Assistência Social.

MPAS (1999b)
Simulações realizadas pela Subsecretaria de Planejamento, Orçamento e Administração, Brasília: Ministério da Previdência e Assistência Social.

Mundrick, Nancy R. (1997)
"Employment Discrimination Laws for Disability: Utilization and Outcome", *in The Annals of the American Academy of Political and Social Science*, vol. 549, janeiro de 1997.

Nikkey (2000)
"Canine Helpers Finding More Open Doors", *in The Nikkey Weekly*, 22.5.2000.

Oi, Walter (1996)
"Employment Benefits for People with Diverse Disabilities", *in* Jerry L. Mashaw e outros (1996), *op. cit.*

OIT (1994a)
Oportunidades de Trabalho para Portadores de Deficiência: Um Guia para as Organizações de Trabalhadores,

Brasília: Organização Internacional do Trabalho e Coordenadoria Nacional para Integração da Pessoa Portadora de Deficiência.

OIT (1994b)
Oportunidades de Trabalho para Portadores de Deficiência: Um Guia para as Organizações de Empregadores, Brasília: Organização Internacional do Trabalho e Coordenadoria Nacional para Integração da Pessoa Portadora de Deficiência.

OIT (1997)
Normas Internacionais do Trabalho sobre Reabilitação Profissional e Emprego de Pessoas Portadoras de Deficiência, Brasília: Coordenadoria Nacional para Integração da Pessoa Portadora de Deficiência (CORDE), Ministério da Justiça.

OIT/CORDE (1997)
Adaptação de Ocupações e o Emprego do Portador de Deficiência, Brasília: Organização Internacional do Trabalho e Coordenadoria Nacional para Integração da Pessoa Portadora de Deficiência.

O'Leary, Paul e David Dean (1998)
Study Report: United States, Geneva: International Labour Office (OIT).

Oliver, Michael (1990)
The Politics of Disablement, London: MacMillan.

OMS (1999)
"International Classification of Functioning and Disability" (mimeo), Geneva: World Health Organization.

ONU (1993)
Standard Rules on Equalization of Opportunities for Persons with Disabilities, New York: 85th Plenary Meeting of the United Nations.

Ooms, Van Doorn (1997)
"A View from Business", *in* Virgina P. Reno e outros (1997), *op. cit.*

Outten, Wayne N.; Robert J. Rabin; e Lisa R. Lipman (1994)
The Rights of Employees and Union Members, Carbondale: Southern Illinois University Press.

Pastore, José (1996)
Contratação Coletiva e Flexibilização do Mercado de Trabalho, São Paulo: Editora LTr.

Pastore, José (1998)
O Desemprego tem Cura?, São Paulo: Editora Makron Books.

Pastore, José (2000a)
"O Trabalho dos Portadores de Deficiência — I", *in O Estado de S. Paulo*, 1.3.2000.

Pastore, José (2000b)
"O Trabalho dos Portadores de Deficiência — II", *in O Estado de S. Paulo*, 14.3.2000.

Pastore, José (2000c)
"O Trabalho dos Portadores de Deficiência", apresentado no XI Encontro Nacional de Entidades de Deficientes Físicos, Recife, 5.9.2000.

Pernice, Regina e Neil Lunt (1998)
Study Report: New Zealand, Geneva: International Labour Office (OIT).

Peters, Susan (1996)
"The Politics of Disability Identity", *in* Len Barton (1996), *op. cit*.

PLANFOR (1999)
Plano Nacional de Qualificação do Trabalhador, Brasília: Secretaria de Políticas Públicas, Ministério do Trabalho e Emprego.

Player, Mack A. (1992)
Federal Law of Employment Discrimination, Saint Paul (Minneapolis): West Publishing Company.

Raulstone, Alan (1998)
"Researching a Disabling Society: The Case of Employment and New Technology", *in* Tom Shakespeare (ed.), (1998), *op. cit.*

Rendall, Robyn (2000)
"Mainstream: Equity in Action" (mimeo), Wellington (New Zealand), Mainstream Employment Programme.

Reno, Virginia e outros (1997)
Disability: Challenges for Social Insurance, Health Care Financing, and Labor Market Policy, Washington: National Academy of Social Insurance.

Revista CNI (2000)
"Deficiente não, Eficiente", Brasília: *Revista Indústria e Produtividade*, Confederação Nacional da Indústria.

Ribas, João Baptista Cintra (1983)
O que são Pessoas Deficientes, São Paulo: Editora Brasiliense.

Ribas, João Baptista Cintra (1996)
Pedágio: Um Estudo sobre Portadores de Deficiência Física que Trabalham como Vendedores de Mentex nos Semáforos da Cidade de São Paulo, Tese de Doutoramento, São Paulo: Faculdade de Filosofia da Universidade de São Paulo.

Ribas, João Baptista Cintra (1997a)
As Pessoas Portadoras de Deficiência na Sociedade Brasileira, Brasília: Coordenadoria Nacional para Integração da Pessoa Portadora de Deficiência.

Ribas, João Baptista Cintra (1997b)
Viva a Diferença! — Convivendo com nossas Restrições ou Deficiências, São Paulo: Editora Moderna.

Rupp, Kalman e David C. Stapleton (1998)
Growth in Disability Benefits: Explanations and Policy Implications, Kalamazoo: Upjohn Institute.

Sassaki, Romeu Kazumi (2000)
"Mercado de Trabalho: Oportunidades e Competência Profissional numa Perspectiva Inclusiva" (mimeo), Recife: Congresso da ONEDEF.

Schubert, Baldur (1999)
"Plano de Modernização da Reabilitação Profissional", Brasília: Instituto Nacional de Seguro Social (INSS), mimeo.

Schurman, Susan J. e outros (1998)
"The Role of Unions and Collective Bargaining in Preventing Work-Related Disabilities", *in* Terry Thomason e outros (1998), *op. cit.*

Secretaria de Saúde e Segurança do Trabalho (1999)
"Redução de 25% dos Acidentes do Trabalho Fatais", *in Programa Brasileiro de Qualidade e Produtividade*, Brasília: SSST-Ministério do Trabalho e Emprego (mimeo).

Sedeño, Manuel A. García e outros (1998)
Estudio sobre Metas Laborales en Sujetos Discapacitados, Cádiz (Espanha): Universidad de Cádiz.

SENAI (1999)
Apoio à Integração Normalizada de Pessoas Portadoras de Deficiência nas Instituições de Formação Profissional, Rio de Janeiro: CIET (SENAI).

SENAI (2000a)
Inclusão do PNE nos Programas de Educação Profissional do SENAI e no Mercado de Trabalho, Brasília: Serviço Nacional de Aprendizagem Industrial.

SENAI (2000b)
Inclusão do Portador de Necessidades Especiais nos Programas de Educação Profissional do SENAI e no Mercado de Trabalho (Manual de Orientação), Brasília: Serviço Nacional de Aprendizagem Industrial.

SENAI (2000c)
Curso de Escrita Braille para os Docentes do SENAI, Brasília: Serviço Nacional de Aprendizagem Industrial.

Shakespeare, Tom (1998)
The Disability Reader: Social Science Perspective, London: Cassel.

Stoddard, Susan; Lita Jans; Joan M. Ripple e Lewis Kraus (1998)
Chartbook on Work and Disability in the United States in 1998, Washington: National Institute on Disability and Rehabilitation Research.

Thomason, Terry; Burton, John F.; e Hyatt Douglas (1998)
New Approaches to Disability in the Workplace, Madison: Industrial Relations. Research Association.

Thornton, Patricia e outros (1998)
International Research Project on Job Retention and Return to Work Strategies for Disabled Workers, Geneva: International Labour Office (OIT)

Thornton, Patricia (1999)
Employment Policies for Disable People in Eighteen Countries: A Review, York: Social Policy Research Unit, University of York.

Thornton, Patricia (1999)
Employment Quotas, Levies and National Rehabilitation Funds for Persons with Disabilities, Geneva: International Labour Organization (OIT), mimeo.

TUC (1999)
A Guide to the Disability Discrimination Act, London: Trade Unions Confederation.

Ubiria, Mabel; Alba Cardozo e Claudia Ganzo (1998)
Organização de Redes de Serviços para a Integração, Montevideo: CINTERFOR/OIT.

Voos, Paula B. (1995)
Proceedings of the 47th Annual Meeting of the Industrial Relations Research Association, Madison: IRRA.

West, Ruth Clarke (1991)
U. S. Labor and Employment Laws, Washington: The Bureau of National Affairs.

Yelin, Edward e Miriam Cisternas (1996)
"The Contemporary Labor Market and the Employment Prospects of Persons with Disabilities", *in* Jerry L. Mashaw e outros (1996), *op. cit.*

Produção Gráfica: **LTr**
Editoração Eletrônica: **IMOS LASER**
Capa: **HERBERT MARCO CARDOSO**
Impressão: **BOOK RJ**